高情商
领导力

单言 ——— 著

 中国友谊出版公司

图书在版编目（CIP）数据

高情商领导力 / 单言著. -- 北京 ： 中国友谊出版
公司，2025. 4. -- ISBN 978-7-5057-6076-9

Ⅰ. C933

中国国家版本馆CIP数据核字第2025WH0485号

书名	高情商领导力
作者	单言
出版	中国友谊出版公司
发行	中国友谊出版公司
经销	新华书店
印刷	天宇万达印刷有限公司
规格	670 毫米×950 毫米　16 开
	12 印张　133 千字
版次	2025 年 4 月第 1 版
印次	2025 年 4 月第 1 次印刷
书号	ISBN 978-7-5057-6076-9
定价	49.80 元
地址	北京市朝阳区西坝河南里 17 号楼
邮编	100028
电话	（010）64678009

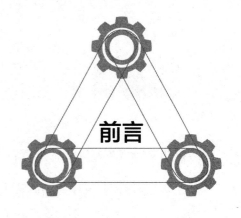

前言

"为什么我的下属不服我的管理？"

"明明制定了激励制度，为什么下属积极性还是不高？"

"尝试了很多组织管理的方法，但都不奏效，为什么？"

"团队像一盘散沙，安排下去的工作根本得不到落实，怎么办？"

…………

如果领导者缺乏领导力，就容易出现空有管理权限而没有管理效果的情况。没有领导力的管理者依靠权力来约束员工，当员工内心不认可这种约束时，他们往往就不会追随领导者。

所以，要想成为优秀的领导者，就必须具备领导力。

那么，什么是"领导力"？

每一个人都在影响别人或受别人影响，影响别人的过程叫"领导"，影响别人的能力叫作"领导力"。

领导者领导行为的本质是"管理情绪"。人都是情感动物，调动一个人的情绪可以影响或操控一个人的行为，如果这种影响或操控产生的是追随的行为，那么就可以获得追随者。而情绪管理能力强弱正是情商高低的体现。

可以说，修炼领导力的关键是提升情商。

在领导者的众多素质中，智商是基础，情商才是最重要的变量。一些权威研究表明，情商是区别领导者特质的标准，是领导者完成领导行为的关键因素。

领导者的根本任务是通过领导他人或团队达成结果。

对于领导者来说，最重要的是激发他人的积极性，让其心甘情愿地贡献自己最大的力量来完成共同目标。

领导者是无法单纯依靠管理职权有效激发他人的积极性的。人的积极性是一种内在的动力，所以领导者要激发员工的积极性，必须从员工的需求着手。某项工作能够满足员工的需求（物质需求或精神需求）时，就会激发他的积极性。这需要领导者具备认识他人情绪、了解他人情感的能力，并通过这些能力来影响或激发他人的行动力。这项能也被称为情商领导力。

高情商可以让沟通更高效，让人在人际交往中如鱼得水；高情商领导力则可以通过个人魅力赢得他人的欢迎和拥护，凝聚人心，领导他人或团队完成最终目标。

卓越的领导者以情商为基石构建领导风格与管理模式，对团队、部门乃至企业氛围有着巨大影响力。领导者的情商决定组织高度，直接影响员工的情绪和业绩表现，长远来看，甚至关乎企业的财务表现。

受传统文化的影响，中国人对人情世故尤为重视，我们对于人际关系的理解和把握，无论是在深度上还是广度上，都独具特色。因此，领导者在发挥情商领导力并将其应用于现代企业管理时，要以深厚的传统文化为根基，全面考虑人的人际交往特性，从而探索出更加契合企业的"中国式高情商领导力"。

本书以提高领导者的情商为出发点，围绕传统文化中的人情世故，引用经典案例和通俗易懂的故事，结合现代管理学的方法理论，以轻松风趣的语言讲述如何掌握高情商领导力，指导读者运用高情商管理和领导团队，打造"中国式高情商领导力"。

目录

第 **1** 章

领导者为什么如此重视情商

第 **2** 章

自我认知：分析自身情商的优势与劣势

第**3**章

自我管控：领导者必修的情绪管理宝典

第**4**章

社交认知：洞悉人际的本质，踢开社交绊脚石

第**5**章

关系管理：为人处世的高明，向下管理的精髓

第**6**章

洞察人性：卓越领袖的驭人之术与攻心手段

第 *7* 章

科学决策：情商领导力，世事洞明皆是情与理

第 *8* 章

超越管理：赋能团队，让员工士气高涨

第 1 章

领导者为什么如此重视情商

成才靠智商，成功靠情商

智商与情商哪个对人更重要，这个争议从未停止过。

多项权威研究结论表明，智商和情商存在正向关联性。情商高的人，一般是拥有智慧的人。如果一个人让他人觉得如沐春风，与之交谈时又觉得甚是愉快，只是看上去憨厚老实、不太聪明的样子，不要怀疑，他只是懂得平衡之道，敛藏了锋芒与智慧。

一个卓越的领袖，其强大的号召力背后必然有超高的情商，才得以人心所向。

情商破局

有一个人依靠高情商，从草根逆袭成了一代君王，这个人就是大汉的开国皇帝——汉高祖刘邦。作为一名农民的儿子，刘邦不愿种地劳作，并未子承父业成为农民。用世俗的眼光来看，刘邦人到中年，还整天在社会上喝酒、闲逛，属于不务正业的浪荡子。

很多人认为，刘邦的人生转折点是被县主簿萧何举荐担任泗水亭亭长，而后迎娶"白富美"，获得了"时势英雄争锋"的入场券。但究其成功的原因，难道真的仅是获得一个亭长职位和娶到富家女的机遇所致吗？

当然不只如此。刘邦虽然爱喝酒闲逛，却不忘四处结交，而且他性格豪迈又讲义气，所以哪怕他彼时一无所有，萧何也愿意举荐他做泗水亭亭长。当时，亭长职位相当于现今派出所所长，按秦律法，亭长属于吏，要熟知朝廷的典章法令。可见，刘邦并非世人以为的游手好闲，不务正业。他至少是个知识分子，且情商极高，好友众多，能左右逢源。

刘邦对自己的评价是："论运筹帷幄的谋略，我不如张良；处理经济政务，我不如萧何；带兵打仗，我不如韩信。"

然而，此三人都未能像刘邦一样成为天下领袖。

刘邦的高明之处在于深谙人心，擅长运用人心并满足人心。没钱没权时，他肯为朋友两肋插刀，同甘共苦；创业时期，他分钱、分权给有才能的下属，做出有福同享的表率。这样的领导者风格，在物质与心理上都满足了追随者的需求。因此，他自然能得到他人鞍前马后的誓死追随。这就是为什么上述三位开国能臣，明明才能远胜于刘邦，却折服于刘邦的人格魅力，愿意效力其麾下。

历史记载，刘邦宽厚仁义，带兵打仗纪律严明，行军之处从不抢掠百姓，攻入秦国首都咸阳后，对秦民施以仁政，百姓无不拥戴他；他懂得换位思考，对下属仗义，对百姓仁爱，最终打败了坑杀二十万秦军、手握四十万精兵、出身贵族的项羽。

这种万众归心的魄力是他超高情商的体现，赋予他强大的影响力，使得天下才能之士尽归其阵营。这种影响力也被现代企业管理学称为"领导力"。

1. 古之处世哲学，今之管理策略 ▶▶▶

老子曰："圣人无常心，以百姓心为心。"意思是，优秀的领导者不必用自己的心去思考，而应该站在他人的角度，用别人的心去思考，这样就知道别人在想什么，需要什么。

在人性理解和处世哲学方面，鬼谷子提出了"知之始己，自知而后知人"的观点，强调自我认知的重要性，教导人们如何换位思考、揣摩情绪和处理人际关系。

传统文化中部分思想的内核与现代认知、行为、管理等理论体系不谋而合，单是将汉高祖刘邦从打天下到治理天下的策略转化成现代的管理思路，就可以梳理出一套完整的创业成功管理体系。

但是，现代管理学理论大都源自西方的文化、历史、制度，中西方文化背景相差甚大，这就造成了部分西方管理学理论在中国出现水土不服的情况。

如果中国领导者盲目遵循现代管理学的理论来领导团队，套其解决方案，那么未必会管用，有时还可能会产生不良影响，加速人才流失，增加沉没成本。

当然，这并非批评现代管理学的理论体系。所有伟大的理论都是经过无数实践分析总结而成的，只是在实际运用时，要因人、因地制宜。

2. 高情商带来无限影响力

现代管理学认为，领导者的素质主要包括智商和情商两方面。其中，情商是领导者影响他人的重要方面。

拥有高情商的领导者深谙情商"领导力"之道，能快速了解他人想要的"好处"，并以此为"饵"，洞察人心，轻松将他人纳入麾下。

那么，情商到底是什么？

很多人看待情商都会陷入一个误区，认为"会说话"就是高情商，实则不然。

戈尔曼教授和他的研究团队认为情商包含五大特征：自我意识、控制情绪、自我激励、认知他人情绪和处理相互关系。从理论上解释，真正的情商是管理自己和他人情绪的能力。"会说话"不一定是高情商，也有可能是讨好型人格，但高情商的人通常"会说话"。"会说话"只是高情商的一个表现，二者是包含与被包含的关系。

情商低的人通常有这些表现：

习惯性反驳，喜欢泼人冷水。

做事以自我为中心，不顾他人的感受。

共情力差，接收不到别人的情绪反馈。

推卸责任，认为凡事都是别人的错。

容易暴躁崩溃，产生负面情绪，失去理智。

见不得别人更优秀，渴望被关注。

情商高的人通常有这些表现：

善于肯定、赞美他人。

感知力强，具有利他思维。

理解他人且给予有效的情绪价值。

责任感强，遇事有担当，令他人信赖、有安全感。

情绪稳定，既能自我管理又能帮助、调整他人情绪。

团结优秀人才，谦虚而自信地号召人才。

真正的高情商是他人困难时伸出援手，是愿意分享胜利果实，是智慧、真诚，是将心比心、利他之心。

真正的情商，其实质是"情感的智慧"。由于情感具有无限的可能性，这就意味着情商拥有很大的提升空间。因此，理解情商，修炼情商，提高情商，对每一位领导者而言，是提升领导力的关键。

中国式情商修养的最高境界

人类是群居动物，群居生活的本质特征之一是社交。从心理学角度来看，积极的社交关系能够带来幸福感和满足感；从社会学角度来看，社交是人类社会形成和发展的基础。生活在社会中的任何一个人都离不开社交，处理社会交往中发生的问题是每个人必须具备的能力。

一个人处理社交关系的能力通常取决于情商。

心理学认为情商的基础是认识自身和他人的情绪，除此之外，还需具备控制情绪、自我激励、建立和维护积极关系的能力。

可见，情商与情绪密切关联。情商高的人懂得表达自我情绪，也会照顾别人的情绪。

情绪作为一种心理能量，是心理学家长期研究和探索的对象。

很多人对情商的理解是"处理人际关系的能力"。其实，处理人际关系只是情商对应的一个方面。情商高的人擅长处理人际关系，但这只是诸多能力中的一项。情商这一概念的重点是认识和控制自身的

情绪。

1. 文化背景塑造我们的情商

美国心理学家丹尼尔·戈尔曼定义了情商的五个维度，特别强调高情商的人善于体察别人的感受，对他人关怀备至，能有效地了解和控制自己的情绪。

现在，越来越多的人意识到了情商的重要性，但受西方情商概念模型的影响，很多人忽略了中国传统文化中的情商教诲。例如，老子曰："知人者智，自知者明。"意思是，能够了解和理解他人的人是有智慧的，能了解自己的人是聪明的。真正聪明、有智慧的人应该既能正确认识别人，也能正确认识自己。

古人在几千年前就将为人处世的哲学研究透彻了，时至今日，又衍生出现时代背景下特有的人际关系处理方式。这与西方的理论有一定的共同之处，但又存在不同。主要表现为：因为地域、文化的差异，西方人的社会关系主要以法律、契约精神维系，陌生人之间交流频繁，人与人之间的关系注重边界感；受农耕文化的影响，中国人自古便有了定居的传统，崇尚血缘关系和宗亲理法，形成了集体主义的观念，社会关系主要以亲情、人情、姻亲等为纽带，人际关系错综复杂。

2. 高情商认知

很多人习惯以"情理"约束人心和行为，凡事讲究情理之中。"情"是情感，是对自我情绪的控制和对他人的共情；"理"是对客观世界的理解和认知。人际交往中情为先，理在后，合乎情理，通权达变，就是情商。想成为"合情合理"的人并不容易。只讲情不讲理，便成了没有原则的"烂好人"；只讲理不讲情，就成了"独行者"。

生活中，评价某人"情商低"时，很多人以这个人"总说真话，说话太直，不懂迎合"为标准。真话有时是不好听的，好听的话有时是假话。大多数人的共识是，想要在人际交往过程中成为"吃得开"的人，就得说别人爱听的话。于是，就产生了一种说法：高情商是衡量利弊之后的世故圆滑，精明中透着市侩，有时还给人"表里不一""阿谀奉承""虚与委蛇"的感觉。

其实，这是一种"伪高情商"。真正高情商的人会让人感觉到发自内心的真诚、不失锋芒的善良，会让人觉得可以信任，值得相交。

我们在生活中也许遇到过很多伪高情商的人。他们在人际交往中看似如鱼得水，实际上，他们所谓的高情商都是着眼于眼前的利益，以为自己聪明绝顶、八面玲珑，明眼人一眼就能看出其表里不一、虚伪功利。

3. 情商修养境界

如果一个人让你觉得虚伪，那么，这个人一定不是高情商。情商修养的最高境界是真诚。

有人会问，情商的重点难道不是"人情练达"吗？

是，却又不仅仅是。世故圆滑的人或许可以在短时间内受到更多欢迎，但时间一长，别人就会发现此人只是在交际应酬，未必会真心待人，不能深交。所以，人情练达的前提是"情"真。

我们把"人情"二字琢磨透彻后，就会发现与人相交时，最吸引人的品质是真诚。

人情体现的是人对人之常情的看重和尊重。什么是人之常情？指一般人通常有的感情。

如何才能看重、尊重他人的感情？圣人云："推己及人。"以宽容、理解、同情的心态对待别人，从对方的角度出发，设身处地地为对方着想，对方自然能够感受到被看重和被尊重。

在这个基础上，真诚待人才能赢得他人的信任和尊重。设想一下，如果发现对方是个"见人说人话，见鬼说鬼话"的人，我们还敢和他真心相交吗？如果对方敞开心扉，真诚相待，我们也会更愿意与之建立更深的联系。不要认为情商仅限于说话的艺术，更深层次的是人心的交流。"会说话"是流于形式的一种表现，不把任何人当傻子，身处高位时眼中有他人，身处低位时眼中有自己，以真诚换真心才是本质。

领导者的核心领导力是情商

领导力不同于领导者的管理权力，甚至与领导者的权力无关。领导力是拥有共同目标，让员工信任、追随的一种领导能力。领导能力强的人即便不是管理人员，也不一定需要使用权力，就可以让员工自愿追随效力。

领导者如果空有管理权力，却缺乏领导力，只靠职位的权力来分配任务，管理员工的绩效和行为，那么上下级的关系会很紧张；因为管理和被管理之间本身是对立的关系，被领导者感知到的是被权力支配的压力，内心会产生抵触，成为导致工作推进的阻力，但受限于领导者的管理权限，又不得不服从管理。由这种心态的员工组成的团队，是一个消极、懈怠、缺乏凝聚力的团队。

很多人认为，只要成了领导，就可以依靠职位赋予的权力，进行资源调度，指挥别人做事。实际上，对于领导者而言，权力只能起到辅助作用。个人魅力不足的领导者，只能通过强权来迫使他人服从管理。这种服从是什么样的呢？领导一出现，员工立马打起十二分精神

处理工作，看起来忙得不可开交；领导一走，员工发呆的发呆，摸鱼的摸鱼，没有一个人认真工作。

有的领导者还为此沾沾自喜，觉得自己一出现就能威慑住员工，说明在员工的心里自己很有威信。可是，这种威信对于提升员工的工作效率毫无帮助，甚至还有负面作用。

要知道，领导者不可能时刻监督着手底下的员工工作。领导者出现在员工面前的时间有时不超工作总时长的十分之一，如果员工有十分之九的时间在混日子，剩下的时间用来观察领导动向和人前表演，那么，有多少时间用在真正产生效益的工作上呢？

所以，领导者真正的权威不是职位赋予的权力，而是领导力。

一个优秀的领导者，其成功不在于自己的专业技能多么登峰造极，而是能够通过自我认知和情感连接，与团队成员建立良好的信任与合作关系，促进团队乃至企业不断前进，实现个人与集体的共赢。这个过程以领导者的个人领导力为支撑。领导力决定追随者的寡众，要使众人朝一个方向努力前进，就要依靠领导力衍生出团队凝聚力。

所以，领导力是领导者带领团队积极发展必不可缺的能力。

卓越的领导力是依靠情感来发挥作用的。我们将情感智慧及情绪智力称为"情商"，也就是说，领导者的核心领导力是情商。

西方崇尚通过缔结契约建立组织的合作关系，以宗教和法治约束行为，合作关系一旦出现问题，最直截了当的选择就是谈判，所以从操作层面来看，人际交往的重心是关注"自身情绪"，而非"交往"。这一点和中国传统文化影响下的社交模式是完全不一样的。

任何一种社会群体文化、关系、行为、习惯，都源自社会的历史文化沉淀。我们可以从诸多历史学家的笔下，领略古人卓越的领导能力和策略，也可以从当代企业家、领导者身上，结合管理学的知识解读，参悟更适合中国人的情商领导力。

很多现代企业经营管理制度取自欧美国家，然而企业立足的根基是社会文化，外来的制度再先进也要考虑本土化的问题。古代中央政治集权制下的王朝与政权就像不同的企业，帝王将相则是企业家、领导者，古往今来，有多少成大事者是白手起家，依靠个人的智慧和高超的情商闯出一番辉煌事业的。

汉高祖刘邦手下"三杰"——张良、萧何、韩信，个个业务能力顶尖，死心塌地追随刘邦打天下。与刘邦相比，多次对他围追堵截的项羽的个人军事能力明显更强，按理说胜出的概率更大，结果却是项羽四面楚歌，在乌江自刎。

如果单从领导者个人能力来衡量，那么项羽是优胜者，但从决策团队来看，就很容易得出一个结论：刘邦胜更能识人、用人。比起刘邦的仁义举世皆知，项羽在安抚民心方面可就差得太远了，手下既没有谋臣，又没有能够独当一面的武将，英雄末路只记得哀歌美人与战马，战败便成了必然。

情商破局

三国时期，魏、蜀、吴之间的战争与其说是土地资源的争夺，不如说是一场对杰出人才的招揽竞争。其中，曹操以求贤若渴的姿态吸引了大量有真才实学的人，是以智囊团最大。人们耳熟能详的还有孙

权、陆逊论英雄。刘备更是广纳天下能士，"桃园三结义""三顾茅庐"体现了他在招揽人才、运用人才方面的高超情商。

刘备原本以贩卖草鞋为生，后来仅凭一个汉室后裔的名头就敢举起"恢复汉室"的大旗，从初期将不过关、张，兵不过数千，没有地盘、人口优势，到逐步站稳脚跟，跻身群雄，三国鼎立，靠的是什么？

如果说曹操打下地盘靠的是钱，孙权倚仗的是优越的家世，那么，空有头衔、一穷二白的刘备靠的则是人格魅力。他以仁德宽厚著称，知人善任，不居功，乐于成就他人，以情动人，凝聚人心。这种人格魅力为他的领导能力增添了浓墨重彩的一笔。

无论是曹魏还是孙吴，都发生过下属叛变的事情。而刘备治理下的蜀汉，上到文武大臣，下到黎民百姓，少有叛变之人。

成语"身在曹营心在汉"讲的就是关羽被迫入曹营后，即便受到曹操礼遇，封侯赐爵，仍一心只想着刘备，坚决不投降。蜀汉兵败全军撤离时，连属地百姓都愿意放弃田地，跟随刘备的蜀军逃亡。这在战乱年代是罕见的。

如果将蜀汉政权看成一个集团，刘备作为集团领袖，无疑是一位凭借高超情商领导力，白手起家并创业成功的领导者。

我们从历史发展的角度去看待"管理"这件事，很容易从前人的事迹中得到经验：企业、团队的管理不单单是对人员的行为管理，更多是对人心、人情的掌控。这也是领导者情商的体现。

高情商的评估之道

　　我们拼命学习领导力，想要寻找驾驭人心的方法时，不要忘记了人心的向背取决于对方的态度，态度直接影响个人行为和结果，影响人际关系和社会互动。研究心理学的人特别清楚，当我们提到态度的可变性时，与其关联最强的是情绪。情绪指人们对于外部或内部刺激产生的心理反应，包括喜、怒、哀、乐等多种感受。情绪源于情感反应，情感决定一个人对另一个人的态度。

　　比如我们开车正常行驶时，突然被别人的车剐蹭了，是不是顿时在内心暗骂对方不会开车，甚至准备下车好好"理论"一番？但是车门打开，发现对方是熟人，很有可能"怒气值"就会当场下降，甚至趁机叙上一叙。

　　这就是"情感—情绪—态度"的转变。

　　当没有情感作为前提时，态度会直接取决于情绪及情绪带动的行为。

　　同样是开车正常行驶被剐蹭，如果对方一下车就蛮横不讲理，那么，作为占理方的我们更有可能"得理不饶人"。但如果对方下车好声好气地真诚道歉，或许双方不仅能够聊着天等交警到来，还能加个联系方式，从此多个朋友。

人与人交往时，态度很重要，而态度取决于管理情绪的能力。我们将管理情绪的能力称为"情商"。

心理学家丹尼尔·戈尔曼说："婚姻、家庭关系和事业生涯，凡此种种人生大事成功与否，均取决于情感商数（情商）的高低。"

对于领导者来说，领导行为在于调动他人的情绪；调动他人情绪，调动团队成员的行为，才能万众一心朝着共同目标前进。

对于个人来说，人生的幸福感、获得感同样取决于管理情绪的能力（情商）。生活中，愉快的心境可以形成良好的精神环境。在良好的精神滋养下，人们才有能力调动积极的心态经营婚姻关系、亲子关系、职场关系。

王安石在《礼乐论》中说："圣人内求，世人外求。内求者乐得其性，外求者乐得其欲。""内求"指向内探索，关注自身的内心世界，追求精神层面的富足；"外求"指向外寻找，追求物质利益、社会地位等外界事物。内求者自得其性，即享受真实的自我，所以可以获得内心的平静与满足；外求者追求的物质虽然可以得到满足，但以"欲"为乐，欲望无止境，人心亦无止境，所以很容易焦虑、不安。

很多人全身心投入于创造物质财富时，得到的结果是改善了自己物质层面的需求，却忽视了精神层面的提升，所以身处于繁华都市，享受完善的医疗、教育等保障，再也不必忍受饥寒侵袭，却仍旧感觉自己简直糟糕透了。

这是因为物质欲望无止境，而自洽向内求。

人们内求愉悦感，给自己创造良好的精神环境，才能塑造个人的积极心态，提升个人幸福感，促使自我更加努力、积极地工作和生活，成为适应社会且受社会欢迎的人。

以情商为基础形成的领导力，最终的目的是影响他人，而影响他人之前是管理自我。一个人拥有情商与领导力，将更有利于生活和谐、事业成功。

智商的高低能通过测试以具体的分值呈现出来，情商的高低也可以通过一些方法来评估。但是和测试智商水平不一样，情商的高低不以具体的分值体现出来，而是通过对个人多个维度的表现进行综合判断后得出。

很多人想进一步了解如何评估情商是高还是低，自己的情商处于什么水平，可以从以下方面进行判断。

1. 自我认知

情商低：对自己的情绪、需求缺乏清晰的认识，容易受外界、他人影响而产生负面情绪。

情商高：了解自我的情感，能够察觉自己的情绪变化，理解自己的情感；有正确的自我评价，能够客观地认识到自身优势与不足；可以根据自我认知做出对个人生活、工作、人际关系有利的决策。

2. 自我管理

情商低：情绪管理能力弱，容易因为小事激动、冲动，陷入焦虑、抑郁、易怒状态，难以进行自我调节；面对压力或挑战时，容易感到无助或沮丧，缺乏解决问题的策略和能力。

情商高：能够有效管理自己的情绪，控制破坏性情感与冲动；面对压力和挑战时，可以有效地控制自己的情绪，保持冷静和理智，积极寻找解决问题的方法；适应能力强，可以适应环境的变化；具有追求卓越成就的内在动力，善于自我激励，不满于现状，时刻准备迎接挑战。

3. 社会意识

情商低：缺乏同理心，难以理解他人的情绪和需求，容易产生沟通障碍和冲突。

情商高：具备同理心，懂得换位思考，能洞察他人的情感，关心他人的利益；愿意倾听他人提出的意见或建议，保持与他人沟通的态度；有组织意识，敬业指数高，善于决策和分配。

4. 社交能力

情商低：不能从他人的言语、动作或表情中解读情绪，难以捕捉到交流的有效信息；无法意识到他人的愉悦、焦虑或难过情绪；在沟通中无法给予他人适当的回应或支持，甚至说出伤害他人的话，缺乏共情能力。因此，情商低的人在社交环境中可能难以结交到新朋友，也很难与他人建立深厚的情感联系，团队协作能力也较弱。

情商高：在社交场合中，可以恰当地把握尺度，建立良好的人际关系；能用愿景来激励他人，用个人魅力影响他人的思想和行为；愿意提供帮助和指导，支持、助力他人进步；遇到冲突时，能够迅速做出反应，积极协调、解决问题，并且不会因冲突影响人际关系；团队协作能力强，能够有效地建立人际纽带，以领导者的角色组织、创建团队或促进团队合作。

所以，一个人的情商高低要从多个维度来判断。在日常生活中，我们可以通过观察他人的言行举止、情绪反应或人际交往能力来初步判断对方的情商水平。值得注意的是，情商的高低并不是一成不变的。情商可以通过增强自我意识、提高情绪管理能力、学习有效沟通等方式提升。

第2章

自我认知：分析自身情商的优势与劣势

自我认知谬误的具体表现

我们每个人都对自己有一套固定的认知。例如，"我是个积极乐观的人""我是个敏感自卑的人""我是个热情外向的人"……这些与自我相关的认识组成了自我认知。自我认知是在个人以往的经验基础上，对自己进行概括性总结得出的认识。

举个例子，A 收到 B 的聚会邀请，在 A 的自我认知里，他是个内向的人，他收到邀请的第一反应是自我设限："我是个内向的人，参加人多的聚会，遇到不熟的人该说些什么？要如何和陌生人交流？这个环境肯定会让我很不自在。"在"内向"的自我认知下，他进行了一系列心理预设，最后很有可能会拒绝 B 的邀请。

这就是自我认知对个人行为产生的现实影响。有很多人的真实自我和自我认知存在偏差，更有甚者，真实自我与自我认知是相悖的。

例如，有的人表现得很自信，认为自己得天独厚、天赋异禀，对就业、择偶的要求很高，觉得一般人、一般公司都配不上自己。

一个大学刚毕业的年轻人对父母托人介绍的工作嗤之以鼻，天天在家吃了睡，醒了玩电脑、打游戏。父母劝他去面试，他不屑一顾地说："不就是一个市场专员吗？我读了那么多书，现在叫我去当销售，累死累活地应付那些奇葩客户？要去你们自己去，反正我不去。"

父母问："那你想干什么工作？"

年轻人答："轻松的，工资高一点儿的，最好是个管理岗位。我学的是工商管理，是标准的管理型人才。"

父母说："你才刚毕业，一点儿经验都没有，哪个公司会要你当管理人员？"

年轻人自信满满地说："我品学兼优，能力强，和那些刚进入社会的大学生不是一个水平。"

这类自命不凡的年轻人往往不是真的优秀，至少没有达到他认为的那样优秀。从心理学角度来分析，他展现出来的自信和他的真实自我并不一致，只能称为自负。

信息时代，多少人在朋友圈刷到一篇深度励志好文，当时下定决心努力奋斗，坚持了几天看不到收获，又开始躺平、摆烂。或者，辛苦完成的工作被领导否定了，顿时觉得职场失意、人生无望，然后给自己打上标签：没有毅力，能力差。

每当涉及周期性长或考验个人能力的事情，这些负面认知标签就会跳出来，干扰大脑对自我的判断，影响事情的走向。如果你相信自己是个有毅力、能力强的人，完成好事情就能体现你正是个有毅力、能力强的人；反之，受负面标签干扰，最终可能真的做不好事情，然后感慨：我果然是没有毅力、能力差的人。

所以，个人基于经验对自己形成的认知，对现实人生会产生很大的影响。

我第一次在行业峰会论坛上分享精心准备的演示文稿时，自我感觉演讲过程观点明确、逻辑清晰，现场互动氛围良好。鉴于首次登台，我觉得自己算是超水平发挥，下台以后却被某位嘉宾拉住一阵点评。他口若悬河、滔滔不绝地发表他的意见，像一位资深的人生导师；我沮丧地反思，却在事后意外发现那位嘉宾根本就不是行业从业者，如果我把他对我的评价当真了，那我的自信心肯定会被深度打击。

有多少人初时意气风发，颇有直取九霄上云端的气势，却在受挫后一蹶不振。这些挫折或许来源于他人的评价，或许是因为没有达到所谓的社会标准。在纷繁复杂的社会中，人们很容易被外界的言论或标准左右，继而产生自我怀疑。怀疑得越多，人们越难看到真正的自己，最终就可能会接受这些评价，并将其转化为自我认知。

我们如果对自己的认知足够明确，就有自信对抗社会的标准或他人错误的评价。

认识自己很重要，正确认识自己却很难。圣人云："自知者明。"能够正确了解自己并掌握自己，准确理解自己的情感、需求、缺点、优点、能力等，才能避免被误导或陷入困境。

自我认知谬误主要体现在以下几个方面。

1. 过度概括自我

有的人将某次或个别事件的结果看作整体，把偶然发生的事件当成必然，从而产生错误的概括化认知。例如，一旦某个重要项目未能如期完成或未达到预期目标，一些领导者可能会过度自责，认为自己作为领导者的能力不足，甚至开始怀疑自己在团队中的领导地位，认为自己无法带领团队走向成功，未来也难以做出正确的决策。同样，如果团队中出现了人员流失或士气低落的现象，他们可能会将责任完全归咎于自己，背负上沉重的心理负担，不断质疑自己的领导风格和管理能力，而未能客观分析问题的多种因素。

2. 选择性注意

在收集或输出信息时，有的人只关注符合自己预设条件的信息，忽视与之相悖或有差异的其他信息。例如，一些追求业绩指标的领导者可能会过度关注团队的销售数据或项目成果，不断强调这些数字的重要性，并可能选择性地忽视团队成员在创新能力、团队协作或员工满意度等非直接业绩指标上的成就。他们可能会放大工作中的某些问题，如业绩下滑或项目延期，而忽略团队成员在解决问题、提升效率或维护客户关系方面的努力与成果。此外，这类领导者还可能对团队成员在非工作领域的情绪或成就缺乏关注，如个人成长、家庭生活或兴趣爱好，从而在一定程度上限制团队的整体发展和成员的幸福感。

3. 自我服务偏见

有的人认为自己的成功是因为自身能力强或足够努力，失败则是因为运气不好或任务太难导致的，和自身没有关系。

4. 自我中心偏见

有的人过高估计自己的能力、影响力以及在他人心中的重要性，以自我为中心，认为所有人都会关注自己的行为和想法。

5. 自我设限

有的人通过预设失败来设置障碍，以此作为失败时的借口。这是一种保护自我尊严的方法，但常常会阻碍个人潜力的发挥，使人无法应对真正的挑战。比如老板安排新项目给员工，员工表示自己没做过，肯定做不好，最后真的做不好，就有理由说："看吧，我说了做不好，你非要让我做，这都怪你自己。"

摸清认知形成的底层逻辑

我们不可能获得认知以外的报酬，即使得到也会失去。认知决定我们如何解释世界，如何看待自己。

表面上是行动力拉开人与人之间的差距，但事实上，行动力由思维决定，即认知直接决定了我们的思维决策和行为方式。人的认知水平越低，对事情的看法就越单一。他们看不到自身的优势或短板，既不能发挥自己的长处，也不会规避自己的短处，面临人生选择或重大事件决策时，不知道自己想要什么，缺乏内在驱动力。

有人说，人和人之间最大的不同，是底层逻辑不同。底层逻辑决定个人的思维模式和行为特点。那么，什么是底层逻辑？

底层逻辑是事物或系统运作最基本的原理和规则，是从问题最基础、最核心的层面出发，探究问题的根源和本质的一种思维方式。它能帮助我们穿透表面现象，看到事物的本质和内在规律。

电影《教父》中有一句经典台词：花半秒钟就看透事物本质的人和花一辈子都看不清事物本质的人，注定是截然不同的命运。

看透现象背后的底层逻辑，看清事物的本质，我们才能拥有更强的能力面对挑战和机遇。

如何摸清自我认知形成的底层逻辑？

我们可以从自我认知的形成过程、自我认知的组成结构、自我认知的影响因素三个方面全面解读自我认知。

1. 自我认知的形成过程

（1）生理基础与早期经验。认知发展理论认为，从婴儿开始认识到自己的身体，了解自己的存在，区分自己与外部世界，即进入生理自我阶段。这一阶段的经验为后续的自我认知发展奠定了基础。婴儿通过与父母及他人的互动，逐渐理解自己在社会中的角色和地位，早期的社会互动帮助婴儿形成初步的自我意识。

（2）社会环境与角色认同。随着年龄的增长，人们在社会环境中会扮演越来越多不同的角色，比如子女、学生、朋友、职员等。这些角色对应的行为规范和价值观，促进了个人自我认知的发展。在与他人交往的过程中，个人展现了自我的能力和价值，他人的评价和反馈对自我认知的形成产生了重大的影响。积极的反馈可以增强自我信心和价值感，消极的反馈则可能引发自我怀疑和不安。

（3）个人经历与反思。不同的经历塑造了每个人不同的世界观、人生观和价值观。通过经历失败、成功、挫折、挑战和机遇等，人们会更加清楚地认识到自己的优势与不足。随着年龄的增长和经验的积累，经验丰富的成年人更容易通过自我反思和内省，更加清晰地认识到自己的内心世界和外在表现，因而更加精准地把握自我的动机与需求。

（4）心理成熟与自我接纳。随着心理的不断发展与成熟，个人学会了接受自己的不完美和缺点。我们开始发现，每个人都有自己的优点和缺点，正是与其他个体的不同之处造就了独特的自我。我们变得更易于接纳自我，同时也更具有包容心，不再过分关注他人的评价和期望，而是积极地关注自己的成长和发展，根据自己的内心和需求做出选择和制订计划与目标。

2. 自我认知的组成结构 ▶▶▶▶

（1）自我概念。指个人对自己的特征和角色的认知，如对自己外貌、能力、性格方面的认识，是个人对自我的一种全面理解。

（2）自我评价。在自我认知的基础上，个人会对自己的各方面（如外貌、能力、性格、表现、价值等）产生判断和评价，从而对自己进行正面或负面的反馈。这些反馈可能影响个人的自尊、自信、情绪等。

（3）自我感受。自我感受是自我认知的情感成分，主要包含个人对自己产生的情感反应，比如自尊、自爱、自卑、责任感、义务感、道德感、优越感等感受。这些情感产生于个人的自我认识过程，决定着个人的自我认同感和体验感。

（4）自我控制。它是自我认知中的意志成分，指个人通过自我意识控制自我行为，让自己的行为符合自我认知与标准。所以，认知水平高低决定了自我控制能力的高低。自我控制力强的人可以更好地适应社会和文化环境，有更高的概率实现自我目标和自我价值。

（5）自我完善。自我完善是自我认知的进阶层面，个人在全面认识自己的前提下逐步进行自我改善，扩大自我认知范围，强化表达自我的能力，在自我成长和发展的过程中日益完善，不断成就更优自我。

3. 自我认知的影响因素

（1）遗传因素。遗传决定大脑结构与功能，为自我认知提供了生理前提。

（2）环境因素。家庭、学校及社会环境对自我认知的形成有重要影响，比如父母的教育方式、家庭价值观，学校的教育模式、文化氛围，社会的普遍价值观、规范等多方面因素，都会通过人与人之间的交往渗透到个人的自我认知体系中。

（3）个人经历。生活事件、职业发展及人际关系中遇到的成功、失败、重大的挑战或机遇，都会深刻地影响个人对自我的认知和评价。

（4）心理因素。个人的情感状态和情绪反应也会影响自我认知，积极的情感状态有助于提升自我认知的准确性和全面性，消极的情感状态可能导致认知谬误或偏差。个人的自尊和自信也会影响自我认知体系中对自己的评价。高自尊的人往往更加积极地评价自己，面对挑战时更加从容不迫，面对机遇时更加充满信心。低自尊的人则容易对自己产生怀疑或否定自己。

（5）教育与学习。人的知识和技能水平会影响自我认知的深度和广度，通过学习新知识、掌握新技能，可以更全面地认识自己和世界。通过教育与学习，个人还可以培养更深层次的思维方式，得以从更多维度来思考如何处理和解决问题。

（6）社会比较与反馈。人与人会不自觉进行比较，在与他人进行比较的过程中评价自己的能力和价值，同时接收来自他人的反馈与评估，这些都影响着自我认知。

自我认知的核心在于认识自己。我们如果了解自我认知的形成过程、组成结构和影响因素，就能从整体出发，从复杂的行为表象中抽丝剥茧，探究背后的思维逻辑，看到行为背后的认知本质。

如何培养自我认知能力

人类从出生起就对世界万物表现出强烈的好奇心，但随着年龄的增长，很多人抑制了好奇与探索的本能，只保留最原始的好奇心理，却不再深入思考"为什么"。

我们的认知能力是在不断追问"为什么"的过程中，通过探索事物的本质，寻找我们与事物之间的联系或事物之间的规律形成的。

为什么在日常生活中大家喜欢用"感知"来表达体验和做出反应？因为"感知思维"比"认知思维"要简单得多。

例如，一个领导者可能会因为某个员工在会议上发言积极，就认为他具有很强的领导力和团队合作能力，而没有深入去了解这位员工在实际工作中的具体表现、沟通能力及解决冲突的能力。

相比之下，"认知思维"则要求领导者不仅要感知表面现象，更要通过深入交谈、观察具体工作行为、收集反馈等方式，全面、客观地评估团队成员，从而做出更加明智的决策。这种深入探索和理性分析的过程，正是培养自我认知能力在领导力提升中的体现。

1. 自我认知边界决定我们对世界的认知

为什么我们很难突破自我认知？因为我们处于边界以内时，会有稳定、安心的舒适感；我们跑到边界以外时，就会感到焦虑。

日复一日过着上班、下班两点一线的生活，早上去单位，晚上回到熟悉的家，周末度过轻松的休闲时光，只要工作不产生变动，生活不发生意外，我们就可以安心地待在边界内的舒适区。

很多人固守现有的认知，只相信自己愿意相信的，不愿意接受更多可能性，只在熟悉的领域中体验掌控感，一旦这种感觉被他人或某样事物打破，则会感到不安和焦虑。所以，我们常常看到认知水平低的人往往会拒绝接受新信息，排斥了解未知的可能性，很难换位思考，不认同与自己不同的意见。

事实上，不是因为某个人认知水平低，才显得这个人固执己见，而是因为他很固执，才造成了认知水平低。

2. 打破边界，走出舒适区

打破认知边界最核心的方法就是用认知思维取代感知思维，不要单一地凭"我觉得"看待问题，而要从多角度思考问题，不要让观念相悖的他人或事件消耗情绪，接受世界的复杂性和理念的多样性。

如果一个人敢于打破认知边界，认知领域会不断扩大，他能接受的事物和观念就会越来越多，不会再片面地认为某件事必须怎么做才是合理的，解决问题的思路也会多得多。

有人说，每天刷手机，关注各类社交媒体动态，也算获取新信息，同样能学习到新的知识和技能。

如果从这些信息内容产生目的分析，我们就能轻松走出误区。短视频、社交媒体、娱乐节目、游戏等的存在，都是为了使人获得情绪刺激、情绪满足，它的目的在于迎合、取悦大众，而不是传授知识。

学习知识是一件需要持续、专注的事情，这是影响个人认知，唤醒主动思考的过程，需要经历挫败、瓶颈、攀爬、突破、彻悟等复杂的心理过程，绝不是停留于感知层面的情绪满足。我们触及知识的本质时，便看到了真实世界的冰川一角。

如果说打破认知边界是一件艰难的事情，那么无限试探边界则是扩大认知范围的有效办法。人生破局的关键不在于一步登天，而在于坚持走好脚下的每一步，一定的自我认知能力可确保前进的方向是正确的。如何提升认知能力？下面分享 10 个提升自我认知的具体方法。

（1）自我反思与内省。

◎设定固定时间，用于回顾当天的经历，复盘重要事件。

◎通过日记或冥想，记录和分析自己的情绪、行为、决策背后的原因。

◎思考类似事件如何改进，并设定第二天的小目标。

（2）情绪评估与管理。

◎当情绪产生时，尝试识别并标记它，比如"我现在感到生气"。

◎思考情绪产生的原因，触发情绪的关联点，分析更合理的应对方式。

◎情绪到来时，使用深呼吸、散步或冥想等方法来平复情绪。

（3）勇敢去经历和体验。

◎跳出现有的舒适区，走不同的路，看不同的人，体验与当前不一样的生活。

◎把想做的事情列下来，逐个完成，比如把想考的证考下来。

◎勇敢迎接挑战，抓住所有机遇，坚信经历和体验就是阅历，不断增加的阅历就是认知疆域的扩张之路。

（4）接纳自我，保持宽容。

◎每天列出自己的一个优点和一个成长空间，不加批判地接纳它们。

◎对自己的不完美保持宽容，时刻提醒自己，每个人都有独特的价值。

（5）制定及追踪目标。

◎每周设定具体、可衡量的个人成长或职业目标。

◎使用待办事项清单或目标跟踪应用来记录进展。

◎每周定时回顾目标达成情况，进行自我评估和调整。

（6）寻求反馈，理性分析。

◎向信任的人（如导师、朋友或同事）寻求对自我认知的反馈。

◎用开放的心态接受反馈，但不要忘记独立思考，分析如何将其转化为个人成长的机会。

（7）与具有高认知水平的人建立连接。

◎如果无法进入高认知水平圈子，就看具有高认知水平的人的作品、内容、产品、观点等。

◎尝试与具有高认知水平的人建立网络社交，如通过邮件、微信、直播互动等。

◎如果有机会接触，在现实中进行面对面交流是最高效的方式。

（8）保持阅读，持续学习。

◎选择实用类、严肃文学类书籍，坚持每天阅读。

◎记录书籍中触及内心深处的文字，并思考文字背后的含义。

◎通过书里描绘的世界或理念，重新思考自己与世界的关联。

（9）培养同理心。

◎在与他人交流时，尝试站在对方的角度思考问题。

◎主动倾听他人的感受和需求，当一个合格的倾听者，给予对方理解与支持。

◎反思自己在社交中的表现，思考如何更好地向他人展示同理心。

（10）自律并坚持。

◎选择适合自己的认知提升方法，将其转化为日常的习惯，持之以恒地坚持下去。

◎设置提醒或追踪来帮助自己保持动力。

◎庆祝自己取得的小成就，以此作为持续前进的动力源泉。

第 *3* 章

自我管控：领导者必修的情绪管理宝典

正确认知压力与情绪调节的方法

有个人要去参加一个对他来说非常重要的面试。前一天，他紧张地反复模拟面试，却总是无法顺畅地介绍自己。他觉得自己第二天肯定会表现得很差劲，但这个面试机会很难得，是他在行业内的最优选择。想到这里，他更加焦虑，总是不由自主地想"面试表现很糟糕怎么办"，这导致他当天晚上失眠，第二天面试时困得眼睛都睁不开。

这种情况是压力过大引起的吗？

很多时候，人们不是被压力本身压垮的，而是被想象的"糟糕至极"吓坏了。

为什么不同的人看待压力的心境会不同？

因为当我们感觉到压力的时候，大脑就会让身体产生相应的反应，涉及生理、心理多个层面的影响，但实际上，伤害身体健康的并不是压力本身，而是我们认为压力对自己有害的想法。

如果客观看待压力的话，其实压力可以使大脑更加清醒和专注，因为我们的身体为了应对压力，神经系统会促使全身聚集能量，让人爆发潜力。

1. 过度的压力会让人情绪失控 ▶▶▶

在面临过度的压力时，人们的情绪往往容易变得不稳定。长时间处于高压状态下，个体可能会感到焦虑、烦躁，甚至出现易怒、悲伤等负面情绪。这些情绪的失控不仅会影响个人的心理健康，还可能对日常生活和工作产生负面影响。

·············· 情商破局 ··············

部门总监李总又在会议室拍桌子，这是他今天第三次大发雷霆。被骂的小刘红着眼睛从会议室出来，旁边的老员工安慰小刘说："别放在心上，李总就是这个脾气，过两天就好了。"

小刘说："遇上这样的领导，真没法干了。明明是他交代我做的事情，我都是按他的指示操作的，最后没有取得预期效果，这能怪我吗？我就是个听吩咐办事的执行人，他自己的方案有问题，冲我发什么火？"

老员工说："李总上午去给集团领导做汇报，肯定是上面施加压力了。每个月都有这么几天，李总见着谁都不满意，也不是针对你，他就是找个人发泄自己的情绪，习惯就好了。"

这时候，李总从会议室出来了，他拿笔敲击着办公桌，提醒大家："都提起点儿精神！这个月新产品出不来，你们都不用干了。"

他又说："尤其是你，小刘，我不管你做到几点，今天必须拿出个补救思路，否则别想下班。"

小刘心里既不服气又愤怒，却不敢反驳，只能低着头沉默不语。

小刘加班到深夜才做完工作，她打了一辆出租车回家。半路上，因为一个急刹车，小刘对着出租车司机一阵数落："你会不会开车？不会开车出来当什么司机？小心我投诉你！"

作家王小波说："人的一切痛苦，本质上都是对自己无能的愤怒。"

愤怒可以转移人们失败的痛苦，可以为自己的无能推卸责任，可以让自身的压力得到发泄，但这种发泄并不能让自身得到成长，反而让无能变得更加根深蒂固。

人们宣泄不满和推脱责任时会忽视自身的不足，越来越习惯从外界寻找失败的原因，把过错归咎于有关联的任何一个人，只要不是他自己。

过度的压力会让人情绪失控，最典型的情况就是包容性变差，容易愤怒。情商高的人感受到外界的压力和自身的情绪变化时，懂得控制情绪，擅长从自身寻找愤怒的根源。他们弄清楚压力的来源，意识到自身的不足，便能从不足着手，努力去改善它，从而排解压力带来的负面影响。

若能正视并管理压力，压力本身不可怕，可怕的是面对压力时产生的恐惧。因此，我们要学会进行压力管理与情绪调节，不要因为压力让自己情绪失控。负面情绪不仅会让事态变得更糟糕，还会让自身陷入痛苦之中。

2. 压力之下的情绪管理技巧

（1）觉察情绪。识别当前的情绪状态，是焦虑、自责、愤怒还是其他情绪。明确情绪的具体类型，更有助于采取针对性的措施。

（2）分析压力的来源。明确自己处于什么情绪状态后，寻找情绪的来源，分析是哪些压力带来负面情绪，造成压力的具体事件是什么。

例如，某人感到焦虑，压力来源于某件事做不好或无法完成，那么首先要停止对结果的想象，然后把这件事具体写出来，制订行动计划，具体到每一个可实施的步骤。如果仍旧感觉无法完成，可以寻求他人帮助。

（3）寻找压力的积极面。改变注意的焦点，不要把目光聚集在面临的困境上，而是把压力当成挑战和机遇，想象挑战成功后的喜悦，专注于迎接挑战的准备事务，变得充实和忙碌，赶走不良情绪。

（4）接纳任何结果。停止想象压力的有效方法是接受一切可能发生的结果，尽自己最大的努力，有挑战一切的自信，也有面对失败的勇气。

（5）合理发泄法。倾诉、哭泣、运动都是合理的情绪发泄方法。压力过大时，这些方法有助于释放内心的紧张、焦虑或愤怒。面对压力，人类的本能就是哭泣或愤怒，用本能的方式排解情绪可以加快恢复心理平衡。

（6）健康的生活方式。良好的睡眠、均衡的饮食和适量的运动有助于日常情绪调节。拥有足够的休息时间，并培养一些自己感兴趣的

事情，可以保障生理和心理的健康发展。

（7）学会放松技巧。学习一些放松身心的技巧，如深呼吸法、渐进性肌肉松弛法、冥想等。这些技巧能在关键时刻快速放松自我，尽量避免情绪失控。

领悟 ABC 理论，摆脱不良情绪

情绪作为人类复杂心理活动的直观反映，既是个体心理健康的晴雨表，也是团队氛围与工作效率的隐形调控器。面对职场中的种种挑战与压力，如何有效管理情绪，避免不良情绪对决策质量和团队协作造成负面影响，是每位领导者必修的课题。

1. 信念决定情绪

很多人陷入情绪困境的时候，会将自己的感受归因于某些事，觉得如果不发生某些事，自己就不会有不良情绪。

人们对事件的感受并不取决于是否发生了某些事，而是取决于解读事件（信息）的方式。思维模式决定一个人如何解读接收到的信息，有着怎样的信念决定了这个人会感到幸福还是痛苦，即信念决定情绪是积极的还是消极的。

从心理学角度解释，信念是人们内心关于事情是怎样的及如何发展的主观判断，是人们对自己的想法、观念及意识的行为倾向。信念

系统是人们对世界和自身的看法，直接影响人们的情绪体验。

···········情商破局··········

小潘在一家公司勤勤恳恳地工作了六年，按资历满足升 P7 管理岗的条件，结果这个升职机会被另一位同事得到了。

小潘感到不公平，一气之下产生了离职的想法。但他并没做好离职的准备，于是带着愤懑的情绪工作，心中备受煎熬，工作也经常出错。

这就是被不合理信念支配，产生了不良情绪。

心理学上关于情绪认知有一个"ABC 理论"：A（activating events）表示诱发性事件；B（beliefs）是指个体在遇到诱发事件之后相应而生的信念，即他对这一事件的看法、解释和评价；C（consequences）是指特定情景下，个体的情绪及行为的结果。

"小潘的资历满足升职条件，却没有得到升职机会"，这是实际发生的诱发性事件（A）；小潘因此诱发了"不公平，想要离职"的想法，这是小潘潜在的信念（B）；因为这个想法（信念），小潘受到愤怒、不满的情绪困扰，无法专心投入工作，这是小潘的情绪和行为的结果（C）。

小潘持有的不合理信念，是"这次升职机会必须（应该）是我的"。他以自己的意愿为出发点，认为这件事必须朝这个方向发展，但往往很多事情并不一定按照个人的期望发生。

2. 不合理信念的特征

不合理信念通常指个人心中不现实的、不合逻辑的、站不住脚的信念，主要包括三个特征。

（1）绝对化要求。这是大多数人容易产生的不合理信念，指以自己的意愿为出发点，对某一事件持有必定会发生或必定不会发生的信念，通常与"必须"和"应该"等字眼联系在一起，比如"我必须成功""我必须升职""别人必须对我好"等。然而，这种绝对化的要求并不现实，因为事物的发展有其自然规律，不可能所有的事情都符合人的主观意愿。持有这种信念的人，一旦客观现实与某个主观愿望相违背时，就可能产生情绪困扰。

（2）过分概括化。过分概括化是一种以偏概全、以一概十的不合理思维方式，表现为对自己或对他人的不合理评价，凭一件事或几件事来评价整体。例如，只凭一次考试失败就认为自己一无是处，他人有一次过错就认为其无可救药。这种片面的评价方式容易导致自我否定或对他人的偏见。

（3）糟糕至极。糟糕至极是一种把事情的后果想象得很可怕、非常糟糕，甚至是灾难性的不合理信念。持有这种信念的人遇到不好的事情发生时，容易陷入极端的不良情绪体验中。比如：一次婚姻失败，就认为自己再也无法获得幸福，人生失去了意义；一次求职失败，就觉得自己再也无法找到工作，是个糟糕透顶的人。这种灾难化的想象极易令人陷入耻辱、自责、悲观、抑郁的负面情绪中，危害身心健康。

信念一旦形成，就会变成潜意识的一部分，帮助大脑简化信息，快速处理事件的因果关系，得出结论。

但不合理的信念会给人带来负面情绪，使人长期陷入消极情绪中，觉得自己事事不如人，事事不如意。这种不良情绪很难通过改变外界环境以适应自己的需求来改善，只会增加内心的冲突和困扰，从而破坏正常情绪，影响生活和工作。

所以，改变不合理信念，摆脱不良情绪，建立合理的信念体系，才能正确地认知、管控自己的情绪，保持积极的心态与他人建立良好的关系，更好地应对生活中的挑战和困难。

3. 改变不合理信念的策略

（1）识别不合理信念。在安静、放松的空间，回顾近期让自己感受到负面情绪的事情，进行自我询问，思考自己的信念或想法是否合理。如果感到有些念头过于绝对化、概括化或糟糕至极，记录触发这些情绪的具体情节，尝试客观分析自己的情绪反应，仔细识别那些绝对化、过分概括或极端化的想法。比如"工作失利，我的前途毁了""我必须成功""这个人就是针对我"就是典型的不合理信念。

（2）找到诱发这个信念的原因。针对不合理信念，找到引发情绪产生的事件，联想具体的场景，记录有关信息，分类归纳这些信息，以便未来提醒自己在相似事件发生时，迅速觉察到这是不合理的信念。比如"这个人就是针对我"，可能是这个人做了某件事，让自己感到不舒服，那么诱发信念的原因就是这个人做的事情。

（3）关注个人感受和情绪状态。把注意力放在自身的感受和情绪状态上，关注当某件事诱发了不合理的想法之后，自己的感受是什么，是感到愤怒、不公、委屈、沮丧还是其他，接纳自己的所有情绪。

（4）挑战与辩驳不合理信念。我们发现自己的信念不合理时，就要向不合理信念发起挑战，分析和寻找这个信念不合理的证据。比如对于"这个人就是针对我"这样的信念，假设发生的事件是"领导在会上批评了我，我认为他在针对我"，我们可以通过与信念的辩驳找到其不合理之处：领导只是批评了我一个人吗？批评我时提到的问题确实存在吗？如果其他人和我发生一样的情况，领导是一样对待吗？我如果避免了那些问题，还会被批评吗？领导可能不是针对我个人，只是想更好地开展工作，才指出其中存在的问题。

（5）重构信念体系。我们发现自己存在不合理信念时，可以通过思考和分析，与不合理信念进行辩驳，尝试用更合理、更现实的信念来替代不合理信念。比如"我可以更加地努力去争取，但不一定每一次都能获得成功""这个人做这些事情可能有其他的原因，不一定是针对我"。

（6）稳固新信念（再教育）。不仅要对当前发生的事件诱发的不合理信念进行辩驳，还要思考自己通常会产生哪些不合理信念，对这些信念进行整理和分析，找到信念的不合理证据，关注自己对新信念产生的感受。只有感受和情绪反应才能最真实地反映信念是否合理和符合实际。确定了新信念后，可以寻找更多的证据来论证新信念的正确性和合理性，这样内心才能更加相信和支持新信念。

觉察情绪背后的信念并不容易，改变信念更需要付出巨大的努力。学会用合理的思维方式来代替不合理的思维方式，才能在面对人生的挑战和机遇时不被情绪左右，做出更加理智的选择。

自谦者不骄不躁，心境豁达

自谦不仅是一种美德，更是高情商领导力的核心体现。它促使领导者不断自我反省，持续成长，最终成就团队与个人的共同辉煌。

1. 虚怀若谷，戒骄戒躁

中国人有一个特点——谦虚，这和儒家文化提倡"谦虚低调""三人行必有我师"的为人处世哲学有关。

《尚书》曰："满招损，谦受益。"意思是骄傲自满会招致损害，谦虚谨慎则会得到益处。谦虚是发自内心的自谦，而不是流于表面的伪装谦虚；是时刻保持清醒，不被骄傲自满蒙蔽双眼；谦虚是放低姿态，严于律己，宽以待人。

现代西方文化倡导个人英雄主义，强调个人的权利和自由。这是西方历史与文化传统造就的价值观，但这并不代表西方人不谦虚，只是东西方不同文化中，对谦虚的解释和表现形式存在差异而已。实际上，西方人同样具有谦虚的品质，只是他们的表达方式可能更加直接。面对称赞或表扬，他们不会委婉地自我贬低，而是倾向于接受并感谢。同样，他们不会贬低或轻视他人，愿意接受他人批评或建议，这同样是谦虚的表现。

谦虚作为一种美德，在个人成长和团队合作中都具有积极意义。保持谦虚的心态，能让人发现自身的不足，通过学习他人的长处来弥补自己的短处。在组织或团队合作中，谦虚的态度可以促进成员之间的沟通，减少矛盾和冲突。真正内心谦虚的人可以虚心听取他人的意见或建议，如此既能促进自身的成长，也让团队合作更加融洽。

古人强调"虚怀若谷"，认为山谷因其深邃和宽广而能容纳万物。谦虚的内心就如同深广的山谷，胸怀宽广就可以容纳不同的声音、意见和观点，不轻易排斥或否定他人。

2. 承认错误，直面错误

人都有犯错的时候，会因为多种因素诱发出错误的决策和行为，认知、经验、情感和环境都有可能导致错误的结果。

犯错并不可怕，可怕的是明知错了，却为了面子拒不认错。很多人在面对别人的建议或批评时，并不是看不到自己存在的问题，而是碍于面子，不肯承认自己的错误。这种顽固不化、执迷不悟的人，说白了就是认为自己"高人一等"，虚心受教就是自降身份。

但优秀的人难道生来就什么都优秀吗？当然不是。很多正确的结果是从错误的尝试开始，从错误中总结教训，然后改正、完善才得到的。人也一样，认识到自己的错误和不足，才能纠正错误，弥补不足，逐步完善，变得优秀。

中国历史上，朝代的兴衰更替便能说明这一点。许多朝代的灭亡都由于帝王沉迷于享乐，任用奸佞，不听忠言，不接受批评。中央集权制度下，帝王作为国家的最高统治者，其个人的品质和能力会直接影响国家的命运。然而，帝王个人的智慧与视野有限，如果能接受臣子纳谏，至少可以集思广益，弥补个人在知识和经验上的不足。

情商破局

唐太宗李世民在位期间，积极听取群臣意见，实行开明政治，开创了"贞观之治"的盛世局面。李世民与直言敢谏著称的魏征的故事，更是历史上一段充满传奇色彩的君臣佳话。

据《新唐书》和《资治通鉴》记载，李世民曾在宫中筑起高台楼阁，名曰"层观"，以寄托对长孙皇后的思念。魏征在陪同李世民登上城观时，直言不讳地指出李世民过于思念皇后而忽视了国家大事，甚至直言"昭陵臣倒是看见了"，暗指李世民不孝顺，只知思念亡妻而不知思念已逝的父母。这样直接的批评无疑触动了李世民的敏感神经，他当场大哭，并下令拆毁楼台。

魏征作为臣子，谏言时常过于直接和尖锐，而李世民在大多数情况下都能够虚心接受谏言，且赞扬道："有魏征在，吾不忧国。"

不管是普通人还是帝王，也不管是员工还是领导者，虚心接受并反思他人的意见和批评，可以更清晰地认识自己，做出更理智的决策，在工作中也可以更快地发现问题并及时解决问题，提高工作效率。他人看到我们能够且愿意虚心接受意见或批评时，也会更加信任我们，虚心的态度无疑可以增加他人的好感度。

3. 直面自身的弱点，欣赏他人的优点

《三国演义》中的周瑜和诸葛亮是智勇双全的对手。周瑜作为东吴的名将，拥有卓越的军事才能和显赫的家世背景。他遇上才华横溢的诸葛亮时，内心产生了复杂的情绪。他一边钦佩诸葛亮的才华，一边又无法接受有人在智谋上超越自己。这种心态驱使他不断想要证明自己比诸葛亮更强，并发出"既生瑜，何生亮"的感慨，宣泄嫉妒与不甘的情绪，数次与诸葛亮交锋后不如意的结果更是让他感到无奈与悲哀。

可惜，这位杰出将领、卓绝谋士由于骨子里的傲慢，缺乏容人之量，在本可以集中东吴的兵力和资源对外扩张的时机，忙于和诸葛亮竞争，引发了不必要的内部纷争和资源浪费。

如果周瑜用包容的心态去欣赏诸葛亮的才华，或许东吴和蜀汉可以达成更紧密的合作，两个国家可以在军事、政治等各个领域相互支持，共同对抗强敌。从个人的层面看，假设周瑜不再将诸葛亮视为强敌，他不仅可以减少精神内耗，也可以从对方身上学到更多的智慧与谋略，对自我成长有极大的帮助。

需要注意的是，真正的谦虚是一种深刻的自我认知与自我反省，也是一种源自内心的真诚与自知之明，非表面礼貌或形式上的谦虚。谦虚主要体现在对自我能力、成就、知识边界的清晰认知上，并由此衍生出对他人观点、经验、价值的尊重与重视。

所以，内心谦虚的人往往心境豁达。他们对自己有准确而深刻的认知，不会骄傲自满，也不会因为一时失利过分自责，能够保持平常心应对外界的变化和评价。因为深知学无止境的道理，他们不会因为取得一点儿成就就沾沾自喜，不会因为自己的成就和地位轻视他人。有了这种对待他人的尊重与理解，他们更加容易平衡自己的情绪，与他人建立良好的关系。

六个顶级的自我管理法则

科学界普遍认为人类有四种基本情绪——快乐、恐惧、愤怒和悲伤，这些情绪和人体内的激素息息相关，与不同的情绪相关的激素对人体的作用也不同。积极的情绪对应有益的激素，消极的情绪对应有害的激素。

产生积极或消极的情绪是人的本能，能妥善管理情绪才是本事。善于管理情绪还有一种说法，叫作"情商高"。

情绪稳定是一个人情商的基础，在情绪强度上保持适中，才不会因一丁点儿的成绩就得意忘形，也不会因身处逆境而消沉、沮丧。要判断一个人情商的高低，先要看这个人遇到突发事件时的情绪反应如何。所以，修炼情商的第一要义是掌握情绪的自我管理能力。

1. 情绪观察法

情绪的产生可以来自内部因素，也可以来自外部环境。

内部的激素水平的变化会直接影响情绪状态。例如，女性在月经

期间，受激素水平变化的影响，可能会出现较大的情绪波动。大脑中神经递质的平衡对于情绪调节也至关重要。神经递质如血清素、多巴胺、去甲肾上腺素等失衡时，也可能导致情绪不稳定。个人对事件的认知和评价方式、过去的经历和记忆是影响情绪反应的关键。

影响情绪的外部环境主要包含人际关系、生活事件、物理环境等。与他人的交往、互动和关系的质量会影响个人的情绪状态。比如，他人的支持和鼓励会带来积极的情绪体验，出现人际冲突时可能会引发负面情绪。日常生活中的变化、压力或琐碎小事，也可能变成情绪负担。自然环境或人工环境对人的情绪状态也有一定影响。

情绪可能来源于任何一方面。观察情绪的变化，了解情绪的来源，有助于我们更好地管理自己的情绪。

我们要对情绪有正确的理解，即任何情绪的出现都是正常现象，每个人都有情绪。情绪是我们遇到外界刺激时产生的正常反应，不必为此过于担忧或焦虑。

虽然不必忧心情绪的出现，但要关注情绪的变化，观察情绪带来的心理、身体变化。当情绪出现变化时，经常会引起肠胃不适，甚至引发肠胃炎；紧张或恐惧会让人突然手脚冰凉；生气或愤怒会引起血气上涌，浑身发热；惊吓和恐慌的情绪还会引发心跳加速或呼吸困难。

另外，观察情绪的变化不仅是一个理论上的过程，还需要一些具体的行动。

比如，我们可以记录自己的感受，并把触发某个感受的具体事件或情境记录下来，锁定引发情绪的关键因素，这样有助于未来快速识别、分辨不同情绪产生的原因。

与他人交往时，观察他人的面部表情和肢体语言，尝试解读非语言信号背后的情绪变化；在一天结束时，回顾自己对待不同事件的情绪变化，及换成他人的角度时，自己会有什么应对方式及情绪反应。

2. 认知改变法 ▶▶▶▶

认知涉及我们对客观世界的认识、理解和反应，是我们认识世界的信息加工过程和结果。正确的认知可以让人在心理上变得更强大、更包容，表现为情绪更稳定。

如上文所述，不良情绪的来源并非事件本身，而是不合理信念（认知）对事件的看法。所以，把不合理信念纠正为合理信念，改变潜在的认知，可以显著影响我们的情绪体验。

有一个稳定自我情绪的认知方法：就事论事。

先要明确的是，情绪化解决不了任何问题，不如平心静气，就事论事，与对方进行友好沟通。如果引起矛盾的不是某个问题，而是情感或态度，那就更需要解决情绪问题了，此时情绪化无疑是火上浇油。

对待毫不相关的人，就更没有必要情绪不稳定了。遇到侵犯权益的事情，想要维护自我权益就思考维权的方法，不要和对方进行无谓的争吵，消耗情绪。骂人或武力并不能解决问题，还不如就事论事，解决事件本身。

3. 个体差异坚定法

每个人都是独一无二的，拥有独特的性格、能力、兴趣和经历。因为个体存在差异，所以我们即使面对相同的事件，也会有不同的情绪反应。

行为只代表一部分自我，并不意味着我们就是这样的人。我们有好的方面，也有不够好的方面，别人也如此。别人对我们的评判只能当作参考，不能作为结论，不要用别人的标准来衡量自己的价值。

与此同时，要理解和接纳他人的差异性，避免用刻板印象或偏见来评判他人。例如，在团队工作中，理解其他成员可能来自不同的文化背景，拥有不同的专业知识和工作经验，沟通方式或擅长的领域都有所不同。我们认识到每一位成员的差异性和其独特的专业技能，利用各自的优势来工作，就能更加高效地协作。

4. 合理发泄法

管理情绪不代表控制、压抑自己的情绪，而是一个更加全面和积极的过程。我们要理解、接受并有效地表达情绪，而不是简单地隐藏或抑制自己的情绪。

很多人错误理解了情绪稳定的概念，认为情绪稳定就是出现负面情绪时，避免去表达或者面对它们，采取忽视或压抑的方法，表面装作风平浪静的样子。这种做法往往基于恐惧、羞耻、避免冲突或维护表面和谐的动机，极大地影响心理健康及身体健康。长期地压抑情绪，还可能导致个人对自己的情绪状态产生误解，影响自我认知和成长。

因此，选择合适的方式来宣泄不良情绪，也是管理情绪的方法之一。

（1）向他人倾诉。与信任的朋友或家人分享自己的感受，可以获得他人的理解或支持，这些正向的反馈会让人感到轻松，让情绪得到好转。

（2）在适当的场合哭一场。哭是人类本能的保护性反应，可以将心中的痛苦宣泄出来，快速缓解心理压力。

（3）参与户外活动。在自然环境中散步、徒步或骑行，可以让身体得到放松，有助于调节心情，减轻压力。

5. 注意转移法

情绪的产生只需一瞬间，而持久存在往往是因为我们过于关注它，所以才放大了不良体验。越注意情绪，记忆越深刻，可能就会形成恶性循环。我们如果能有意识地避免去回忆不良感受，将注意力转移到其他方面，就可以减少不良情绪带来的负面感受。

心理学上说，当人产生某种情绪时，大脑就会出现一个较强的兴奋区，这时，如果另外建立一个或几个兴奋区，就可以抵消或冲淡这个较强的兴奋区。所以，转移注意力是一个稳定情绪的好方法。比如尝试新事物，学习新技能，参加一门感兴趣的课程，把一直想考的证考下来，等等。

6. 顺应自然法

中国古代哲学中有关于"得失观"的说法。道家认为，世间万物自有其规律，人应该遵守自然规律，顺其自然，不要强求。这不是消极避世，而是一种平和的心态。面对得失泰然自若，不骄不躁，才能保持内心平衡、情绪稳定。

任何事情都有好的一面，也有坏的一面。有一句俗话叫："得之我幸，失之我命。"得到也许是好事，值得庆幸；失去未必是坏事，或是命运使然。例如：在追求职业晋升时，如果成功晋升，我们应该感到幸运并珍惜这个机会；如果未能如愿，要坦然接受现实，不必把它看得太重，继续努力前行便是。

第4章

社交认知：洞悉人际的本质，踢开社交绊脚石

从人性角度看社交本质

从人性的角度出发，我们意识到每个人在社交互动中都寻求被理解、被尊重与归属感。高情商的领导者深谙此道，他们懂得如何捕捉他人的情绪信号，以同理心构建信任桥梁，用真诚与包容营造和谐的团队氛围。通过这一视角，我们不仅能更加精准地把握社交动态，还能在领导实践中激发团队的潜能，促进个人与集体共同成长，最终实现领导力与人性光辉的完美融合。

1. 人的本质是一切社会关系的总和

原始人类为了适应生存和发展，从树上下来，直立行走，告别了类人猿时代，开始了群居生活。人们一起外出狩猎、采集、驱赶野兽，寻找宜居的地点聚居，发展为部落……随着生产力的发展，生产关系随之变化，从群居到氏族公社，宗室家族和婚姻制度成为维系社会关系的重要纽带，个人先要被宗族所容才能立足于世，这预示着人们生存的重心更加偏重"社会关系"，而非单一满足生理需求。

马克思主义认为，人的本质属性不是自然属性，而是社会属性。自然属性（如生理需求、生理结构等）虽然是人类存在的基础，但并不能完全定义人的本质。相反，人的社会属性即人在与周围事物发生关系时表现出来的独特性，才是决定人之所以为人的关键。

也就是说，要考察人的本质，必须从社会关系出发，而不是停留在自然属性或个体特征的层面上。

社会关系是人们在共同的物质和精神活动过程中结成的相互关系的总称，即人与人之间的一切关系。它涵盖了个人与个人、个人与群体、个人与国家、群体与群体、群体与国家之间的各种关系。

2. 社交是社会关系形成的基础

人们通过传递信息、交流感情、分享资源的社交行为来加深彼此之间的了解和信任，从而形成稳定的社会关系。换言之，社交是社会关系形成的基础，对社交的需要是人之所以为人的必要条件。

社交的意义可以从多角度理解，其本质就是利益交换。

人性是趋利避害的。在自然界中，生物为了生存，会本能地追求对自己有利的事物，比如食物、水源、栖息地等。人们在面对矛盾、冲突或压力时，会选择保护自己免受伤害或追求更大的利益；在心理需求的满足上，会追求社交、经济、安全、认可、成就等来满足归属感和自我实现的需求。

从人性趋利避害的角度来看社交，利益交换的前提至少是等价的。交换的过程实现平衡，彼此都感到有价值，就可以达成良性社交。

社会交往过程中的趋利包含两个方面：情感社交和功利社交。追逐利益是人的本性，只是有的人追求精神利益，而有的人追求物质利益。

（1）情感社交：指人在社会交往中基于情感层面的互动与交流，为对方提供情感上的慰藉和支持，侧重彼此提供情绪价值。与功利型社交不同，情感社交不追求直接的利益回报，而是追求相互的信任、理解和尊重，也是一种满足精神需求的利益交换。

例如，在职场中，高情商的领导者善于运用情感社交的技巧，与员工建立深厚的情感联系。他不仅关注员工的工作表现，更关心员工的内心感受和情感需求。当员工遇到困难和挫折时，这样的领导者会及时给予安慰和鼓励，帮助员工重拾信心，从而激发员工的工作热情和创造力。

情感社交能够减轻个人的负面情绪和心理压力，也可以帮助人们在社交的过程中更好地表达自己的情感，理解他人的感受，从而增强自身的情感素质。

但要注意，在情感社交中，应该避免将利益与情感混为一谈，不应该将朋友视为无条件帮助自己的"工具人"。为了维持长久的关系，双方应该保持平衡，避免过大的实力差距和利益冲突。无论是基于夫妻、亲子关系还是基于朋友关系的社交，都应该尊重对方的隐私和边界，避免过度干涉和侵犯他人的私人空间。

（2）功利社交：指为达成某一目的，或是为了从对方身上获得利益而产生的社交。在社交过程中，人们主要关注对方能为自己带来的实际利益，而非情感层面的互动。这种社交的基础是利益交换，往往伴随着物质、信息、权力等资源的交换，双方基于各自的利益需求进行互动。这种社交关系可能随着利益需求的变化而改变。

在功利社交中，人们会主动寻找那些能够为自己带来利益的人交往，比如寻找有影响力的人脉、寻找合作伙伴等，也可以通过提供自己的资源或能力来换取他人的资源或支持，实现共赢。

比如在职场上，你与一位目标客户建立了良好的合作关系，双方通过资源共享、置换的方式互利共赢，实现了共同目标。这种基于利益交换的社交关系就是功利社交。如果该客户脱离了公司或原行业，你与他的合作关系就会改变，社交关系也会随之改变。

功利社交可以帮助人们更快地实现自己的目标和利益，但如果过于强调利益而忽视情感连接的建立和维护，也有可能会损害原本良好的情感关系。特别需要注意的是，在这种社交中，人们可能会因为利益冲突而产生信任危机，从而导致合作关系破裂及利益受损。

无论是哪一种社交，我们都必须认识到一个关于人性的事实，那就是人是受利益的驱动而产生行动的，任何社交关系都是通过实际的经验和互动相处形成的，社交的本质在于等价交换。不管是情感社交还是功利社交，如果你提供的价值远远低于从对方那里获得的价值，这段社交关系就不可能长久。

例如，一个团队中的某位成员持续加班加点，解决了多个技术难题，而领导对此只是轻描淡写地表示"干得不错"，没有给予应有的表彰、奖金提升或是职业发展路径的规划，这位成员可能会感到自己的价值被低估。随着时间的推移，他可能会寻找其他更认可其才华和努力的平台，导致团队的凝聚力和整体效能下降。

　　反之，高情商的领导者会深刻理解到等价交换的原则，他们不仅关注团队的业绩，更重视每个成员的个人成长和满意度。他们会通过提供挑战性的工作任务、及时的反馈与指导、公平的薪酬体系及温暖的人文关怀，确保团队成员的付出得到相应的回报。这样的领导方式能够激发团队成员的内在动力，促进团队的长期稳定发展，从而在真正意义上促使领导力提升和团队获得成功。

中国人情关系的经典模式

人情关系作为中华文化的重要组成部分，其独特之处在于强调人与人之间的情感联系、信任建立及互惠互利。这种关系模式在职场、家庭乃至社会各个层面都发挥着重要作用，对领导者的情商与领导力提出了特殊要求。高情商的领导者要善于把握人情关系的精髓，将其融入现代管理理念之中，从而构建更加和谐、高效的团队氛围。

1. 中国人情关系的演变历程

自秦始皇一统六国，建立郡县制，将地方政权集中到中央，形成金字塔式的行政管理体系，使决策权牢牢控制在帝王之手起，此后无论朝代如何更迭，基本政权模式都是依照秦制的。

从现代人的角度来看，可能会认为封建王朝的管理制度苛刻、残酷，但从历史发展的进程来看，这种制度因其管理的高效，明显领先同期其他国家，也是这种制度在很长的一段时间维系和影响着华夏文明。

我们常说中华民族如何如何，这其实是历朝历代中央集权制度下，政权主推的文化对社会思想和人们的行为产生的深远影响，通过历史的沉淀留存在人们的潜意识里，成为共同的倾向。

许多研究者认为，中国人的人际关系是一种社会取向，而非个人取向。受历史文化形成的社会风俗影响，中国人特别讲究人情关系，没有人情味的人是无法在社会上立足的。

那么，人情是什么呢？

与西方追求个体自主、个人自由、个性解放与个人利益最大化不同，中国传统价值观以群体、关系为本位，中国社会是世界上最讲人情、关系、面子的人情社会。自汉武帝采纳董仲舒的建议"罢黜百家，独尊儒术"起，儒家推崇的"仁、义、礼、智、信"便成了封建政权的官方思想，并影响了中国社会近两千年。其中，"仁"是指人与人相互关爱和尊重。儒家思想倡导以和为贵，重视家庭、亲情和人际关系，所以自古以来，中国人的家庭观念就非常重。

中国人的人情深深根植于中国的社会结构、历史传统和价值观念中，不仅是人与人之间的情感联系，更包含了社会交往中基于亲情、友情、师生情等产生的相互关照、帮助和支持的行为规范和道德准则，它连接着家庭成员、亲朋好友、同学同事等社会关系。

在中国历史文化中，人们重视亲缘关系和地缘关系，在关系的基础上遵循着互惠互利的原则，因此形成了礼尚往来的风俗，在人情往来（物质或精神交换）过程中，增进彼此的了解和信任。

现代社会中，人们仍旧需要依赖家庭和社会关系网络，因此，建立和维护良好的人际关系对于个人和家庭的发展极为重要，人情关系在社会结构中起到了至关重要的纽带作用。

时至今日，虽然人们的生活方式和价值观念都发生了巨大的变化，但注重人情的文化传统仍然被广大人民群众看重并传承。

可以说，中国的人际交往模式深受传统文化和社会结构的影响，形成了独特交往方式和人际关系网络。

2. 中国人的典型人情关系模式

（1）以家庭为中心的人情关系模式。中国的人情关系深受家族影响。家庭是社会的基本单位，也是人际关系网络的起点，家族成员之间的亲情关系构成了最基本的人情纽带。在家庭内部，基于血缘的亲情关系，尤其是父母与子女、兄弟姐妹等直系亲属之间的关系被赋予较高的价值，这种关系不只是血缘的连接，还包含了彼此深厚的情感和责任。

（2）圈层结构的人情关系模式。有关学者在研究中国人的关系网时得出了一个结论，即人情关系是按圈层划分的。很多人习惯以自己为圆心，将周围的人按照亲疏远近划分为不同的圈层，第一层是父母、兄弟姐妹等亲人，第二层是亲朋好友，第三层是邻居、同事等熟人，第四层则是素不相识的陌生人。

在处理人际关系时，人们往往遵循"先里后外"的顺序，即先关照最亲近的人，再逐步向外扩展，这种顺序也明显体现了人们对亲情的重视和对关系的细致划分。

（3）情感性关系模式。情感性关系基于深厚的情感联系，比如家庭关系、密友关系等。在这种关系中，人与人有着稳定的情感基础，主要满足关爱、温情、安全感、归属感等精神层面的需求，彼此未必会要求对方回报。

值得注意的是，拥有血缘关系的家庭关系未必就是情感性关系。因为某个人即使属于某个情感群体（如家庭关系群体），如果心理上不能认同群体理念，那么他们就无法形成情感性关系。

（4）礼尚往来的交换模式。中国人情关系格外注重礼尚往来，也就是通过送礼和请客等方式来表达亲近或感激之情，这种传统习俗极大地加深了人与人之间的情感联系。

（5）社会声誉与面子模式。人情关系还涉及社会声誉的问题。个人和家庭的声誉对于人际关系有重要的影响，人们会通过自己的行为来维护自己的社会声誉，并希望得到他人的认可和尊重社会声誉在很大程度上影响着个人的行为和社会地位。

很多人很注重通过口碑传播来提升自己的社会形象和地位，从而赢得更多的信任和支持。

常见的人际关系误区

随着全球化的日益深入，不同文化之间的交流和融合越加频繁，文化差异也体现在日常生活中，比如语言、节庆、社交礼仪、价值观念等，这些差异带来了很多有趣的误解。

不少人谈到中国人的人际关系，想到的都是负面影响，比如酒桌文化、请客送礼、四面八方拉关系的行为等。这何尝不是部分人对中国式社交的偏见？

当代青年在中西文化交融背景的影响下，更加自我、独立，更喜欢寻找志趣相投的圈子，而不愿意与年龄、爱好不同的人社交。这是一种人际边界感强化的结果。我们也看到，很多人在繁重的工作和生活压力下，无力主动组织或参与额外的社交。这是社会环境带来的个人需求变化。

尤其是如今受益于互联网和信息技术的发展，人们获取信息、资源的途径越来越多，与传统的熟人社交相比，与陌生人在网络空间的交往更加便捷和自由，不受时间、地点限制，也不用费心通过互动、人情往来维护熟人社交中涉及的情感、亲缘关系。

网络社群崛起，人们的心理发生了极大的变化。人们依靠互联网随时随地可以建立一段关系，心理上不会觉得自己孤独，甚至可能因为脱离亲缘、朋友圈子，可以更好地实现自由与独立。

可以说，文化融合对人们社交的影响是一部分，获取信息和资源所依赖的渠道改变才是人们社交观念发生改变的重要原因。

然而，中国作为一个农耕文化历史悠久的国家，人们长期生活在相对稳定的群体中，共同面对自然灾害、农业生产等挑战，人与人之间的关系是非常紧密的。从历史文化和社会结构来看，个体意识是建立在群体意识之上的。正因如此，外界或不同文化背景下的个人很容易对中国人的社交文化产生误解。

1. 过度强调"关系"，忽视个人能力

有人认为中国式人际交往过分依赖"关系"而忽视了个人能力和努力的重要性，比如请客吃饭、送礼、攀关系等投机钻营的行为，会让人感到某些人的成功更多地取决于人脉而非实力。

虽然"关系"确实是人际交往中很重要的因素，但成功从来不是单一因素作用的结果，个人能力、专业知识、机遇把控等都是不可缺少的。大多数人之所以拥有良好的人际关系，也和个人的品质、能力紧密相关。

现实中有很多企业家家境普通，甚至可称得上贫穷，家中没有显赫的背景和强大的关系网，只能凭借自己的勤奋、才能和卓越的领导力，从零开始创办企业。他们的成功并非依靠家族关系或社会关系的支持，

但他们都有强大的团队合作和资源整合意识与能力，而这两者无一不与"关系管理"密切相关，可以说，他们几乎都是善于管理关系的人。

与其将"关系"视为依赖，不如将其当作一种资源。有了良好的人际关系，我们可以获取更多的信息、资源和机会，但如何利用好这些，又何尝不是一件考验个人能力和情商的事情。

2.过度强调群体意识，忽视个人权利

有些人认为中国式社交以群体为中心，忽视了个人权利，群体利益总是优先于个体利益。比如在家庭中，父母可能会为了子女的未来和教育，牺牲自己的部分利益。

强调家庭、社会和集体的和谐是中国的传统文化，它会影响人们的社交观念，但不代表人们社交就会只考虑群体利益，而忽视或压制个人利益。随着人们的个体意识逐渐增强，在现代的社交过程中，很多人既注重与他人和谐相处，也追求自我价值的实现和个人权利的保障。

人们并没有过度强调群体意识而忽视个体权利，事实上，人们一直注重并努力平衡群体与个体权利之间的关系。任何社会和文化都可能存在对群体意识和个体权利之间的平衡点把握得不够准确的情况。随着教育体系及其他各项制度的完善，当代人对个体权利和个人自由更加理解与尊重，这也意味着我们可以更好地把握群体与个人的平衡。

3.社交边界模糊，缺乏个人隐私

中国式社交被指责缺乏边界感，人们容易干涉别人的生活，喜好

打听别人的隐私。

这种误解可能源于对部分社交行为的片面观察。受集体文化的影响，人们可能在一定程度上模糊了个人与集体之间的边界，比如有些人可能表现出对他人生活的过度关注。这种习惯可能源于对他人的关心，并非心怀窥探隐私的目的。

但边界感其实是一个相对主观又复杂的概念，涉及个人空间、隐私、权利等方面，不能单一从某一方面批判某一种文化或价值观念。

比如，古训强调"食不言，寝不语"的餐桌礼仪，避免在吃饭时大声喧哗或谈论私人话题，是一种尊重他人用餐空间和心理的边界感。

随着社会的发展，现代人越来越注重个人空间和隐私的保护。在公共场合，人们会使用耳机、口罩等工具建立社交边界，由此可见并不缺乏边界感。

4. 社交功利性强，缺乏真诚

有些人认为中国式社交过于功利，缺乏真诚，社交活动不是基于情感和兴趣的交流，而是带着明显的目的，比如通过社交活动来展示自己的社会地位、经济实力和人际关系方面的优势。另外，敬酒、送礼、客套话等让人觉得社交活动过于程式化和形式化，难以感受到真诚。

这并不意味着中国式社交都缺乏真诚和深度。在日常生活中，社交礼仪强调"礼尚往来"和"以诚待人"。人们经常在关键时刻给予朋友、家人或同事实质性的帮助和支持，却不要求回报；自然灾害发生时，人们纷纷捐款捐物，帮助受灾群众渡过难关。这些都体现了人们的真诚。

在中国的文化中，家庭是社交的核心圈层之一，家庭成员常常在就餐时间或通过节日团聚等方式进行交流。这种交流只是单纯的情感联络，而不含功利性目的。朋友之间的交往也不仅仅是基于利益交换，而是基于相互的信任和支持。比如当朋友失业时，很多人会想方设法提供帮助，包括介绍工作机会或给予资金帮助；当朋友生病时，有的人甚至会选择陪伴和照顾。这种无私的帮助无一不体现出人们社交中的真诚。

5. 人际关系复杂，过于注重人情世故

很多人误解中国人的人际关系过于复杂，经营人情世故让人感到压力重重，很多年轻人甚至产生逃避社交的想法。

要明确一点，人际关系在任何文化中都是复杂的。在世界各地，无论是东方还是西方，人际关系都受到文化、社会规范、家庭结构等多种因素的影响，呈现出各自的独特性和复杂性，并不仅限于中国。每个人的不同背景、经历和价值观，都会影响与他人的互动。

而将"人情世故"理解为一种负面特质，可能是某些人基于一些负面的社会现象或个人经历而产生的偏见。时至今日，"人情世故"这个词可能被解读成了非正面含义，但实际上，它是一种人与人之间的融洽关系和感情，是对事物的深刻理解和对过去、现在、未来的把握，非但不是贬义，反倒体现了中国人对人际关系的重视和对社交礼仪的讲究。

所以，中国人并非过于人情世故，只是在特定的文化背景下形成了一种注重人际关系和社交礼仪的传统。这种传统可以被视为一种高情商的体现，要求领导者不仅要有出色的业务能力，更需具备深厚的情感智慧，以便在复杂多变的人际环境中游刃有余。

在工作环境中，人际关系往往被视为一种资源，一种能够促进合作、增进信任、提升效率的无形资产。高情商的领导者懂得如何巧妙地运用这种资源，通过建立良好的人际关系网络来增强团队的凝聚力和向心力。他们懂得倾听、理解和尊重每一个团队成员，能够准确把握每个人的需求和期望，从而制定出更加符合团队实际的战略和目标。

同时，人们注重社交礼仪的传统，因此领导者要在公共场合展现出得体的举止和优雅的谈吐。这种礼仪不仅是对他人的尊重，更是对自己形象的塑造。高情商的领导者懂得如何在不同的场合下运用恰当的社交技巧，来赢得他人的尊重和信任。他们善于用语言和非语言的方式与团队成员沟通，能够准确传达自己的意图和情感，从而增强团队的凝聚力和执行力。

因此，对于想要取得成功的领导者来说，理解并尊重中国人情关系的传统是至关重要的。他们需要不断提升自己的情商水平，学会在复杂的人际关系中保持清醒的头脑和敏锐的洞察力，以便更好地引领团队走向成功。

社交认知重组，建立社交自信

"社恐"是当代的流行词语之一，全称为"社交恐惧症"，也叫作"社交焦虑症"。它是一种对社交或公开场合产生显著且持久的害怕，担心被他人关注或给予负面评价，从而尽力回避这些场合的精神障碍。

很多人其实并不符合"社交恐惧症"的定义，只是在某些社交场合会感到不自在、紧张或焦虑。例如，一个人在情绪低落或压力比较大的时候，可能更容易感到紧张或焦虑，导致在社交场合中表现失常。社交环境充满比较、评判、压力时，人们也会感到不适。类似这样特定情境下的敏感反应，是自我认知影响社交心理状态的表现，而非真正的"社恐"。

情商破局

一名卖不出产品的销售员向经理递交了辞呈，理由是他觉得自己

"社恐",不适合从事销售这个职业。

经理没有正面回应他的离职请求,而是问他:"能说说你为什么没有开单吗?是我们的产品太差了吗?"

销售员回答说:"不是,产品挺好的,别的同事都能销售出去,我只是有社交障碍,没法把产品介绍给客户。"

经理说:"你和同事关系融洽,回答我的问题时条理清晰、对答如流,我认为你在社交方面没有问题。"

销售员犹豫片刻又说:"可是,让我向陌生人推销产品,我会觉得不好意思。"

经理又问:"把我们认为很好的产品推荐给别人,有什么不好意思的?你在生活中没有向朋友或家人推荐过东西,比如你觉得好看的电影、好听的音乐吗?"

销售员很快回答说:"不一样。身份不一样,感觉就不一样。"

说到这里,经理明白了。他说:"你是觉得销售这个身份不好,害怕别人异样的眼光和不好的评价。"

在这名销售员的认知里,当他以朋友或家人的角色进行社交时,大家都是平等的;而作为销售员去推销产品时,他就觉得自己的身份低人一等。因为在他的观念中,销售员的工作是低门槛、没有技术含量的,而且要讨好、说服别人购买产品,是一份没有尊严的工作。简单来说,就是这名销售员对自己的职业身份产生了自卑。

他社交不自信,源于他对销售职业持有的偏见。那么,如何放下偏见,改变这种观念呢?

其实，每个人都是销售员，只不过销售的对象、内容和方式不同。在日常的人际交往中，我们都在试图影响他人的看法、态度或者行为，这种影响或说服的过程实质上就是一种销售行为。比如与同事协商项目方案，我们就要"销售"自己的观点，会通过数据、资料或语言佐证自己观点的正确性。又比如参加一场面试，我们就要向面试官"销售"自己，会尝试展示自己的亮点，介绍自己过往的优秀战绩。

再试想一下，你身为领导时，同样要不断地"销售"你的愿景、策略和决策给团队成员。你要让他们理解并接受你的观点，相信你的领导力能够带领大家走向成功。这个过程，本质上与销售员推销产品并无二致，只是形式和目的有所不同。

所以，领导者保持积极的心理感受，就能获得社交自信，极大地避免社交焦虑。

如前文提到的，负面的情绪（心理感受）源于认知（信念），也就是说，保持积极的心理感受并不是喊口号就能实现的。如果不从内心克服社交自卑，那么就很难避免焦虑。所以说，这是一个需要从认知上进行改变和重建的过程。

1. 社交不自信的五大根源　▶▶▶▶

通常，人们缺乏自信主要是以下因素造成的：

（1）过往经历引发的不自信。有些人自我价值感低，总是认为自己没有别人聪明、能干或有吸引力。这很可能是因为在过往社交中有过被拒绝、批评、贬低等的经历。所以每次想要尝试新事物的时候，就担心再次遭遇失败或嘲笑，于是错过了很多成长的机会，从而加深了自己比别人差的认知。

例如，人们可能在童年时期就遭受过同伴的排挤、嘲笑，这些早期的创伤经历让他们形成了"我不够好"的潜意识。随着年岁的增长，这种自我否定的观念逐渐固化，成为他们难以摆脱的心理枷锁。即使后来他们在某些方面取得了成就，也往往难以在社交上摆脱这种自卑感的束缚。这些经历像一道道伤疤刻印在他们的心灵深处，不时地隐隐作痛，影响着他们的社交认知和自信心。

（2）心理上害怕失败。害怕失败是很多人社交不自信的原因。他们担心自己的表现会不尽如人意，害怕说错话、做错事，甚至担心自己的外貌、举止成为别人嘲笑或批评的对象。因此，为了避免这种想象中的尴尬和挫败感，他们会尽可能避免社交场合，选择独自待着，或是只在熟悉的小圈子里活动。

（3）害怕进行社会比较。社交场合是人与人互动交流的场合，会产生自己与他人的直观对比。这种害怕进行比较的心理，源于个人对自己某些方面（如外貌、能力、家庭）不自信，觉得只要一比较，自己就会不如别人优秀，所以想通过逃避社交来避免社会比较。

（4）原生家庭的影响。原生家庭的教育方式和氛围对人的自信心有着极大的影响。人长期生活在"打击式"教育氛围的家庭中，或者成长过程中经常受到家长的责备或忽视，会形成自卑心理，从而导致社交不自信。

（5）文化背景的影响。不同的文化背景下，人们对于社交的期望和行为规范有所不同。如果一个人所处的文化背景与当前的社交环境存在较大的差异，那么他可能会感到不适应和不自信。例如，来自某些文化背景的人可能习惯更为含蓄和间接的沟通方式，而在沟通较为直接、开放的环境中，他们可能会觉得自己的表达不够清晰，担心被误解或忽视。

同时，文化背景的不同也可能导致个体在社交场合中缺乏归属感。他们可能会发现，自己对于某些社交规范、习俗或传统并不熟悉，难以融入当前的社交圈子。这种孤独感和排斥感会进一步削弱他们的自信心，使他们更加害怕在社交场合中犯错或受到嘲笑。

2. 改变认知，建立社交自信

（1）正视自己的过去。与过去的自己和解，认识到过去的经历并不代表未来的结果。很多人一生都在和过去的自己做斗争，正视自己的过去是一件说起来容易而真正做到却很难的事情。我们如果敢于揭开过往的伤疤，直面疼痛的感受，就离与自我和解不远了。

（2）接纳自己的不完美。每个人都有不足之处，没有人会时刻关注他的每一个细节，要接纳自己的不完美和缺点，用宽容的态度来对待自己。

（3）允许自己犯错。很多人的自信源于自己做某件事成功了，但是人都会犯错，不可能一辈子只做正确的事情。没有基本自信的人，一旦做不好事情就会焦虑。我们要坚持这样一个信念：我们追求成功，不是为了证明自己不会犯错，而是为了实现自我价值。无论有没有做好这件事，我们都在这个过程中增长了更多的经验和能力。

（4）重新定义自己的价值和能力。增强自我意识，了解自己的情绪、需求和边界，暗示自己，"我很有价值""我很漂亮""我很优秀""我有能力与他人进行交流"，通过积极的暗示来增强自信心。

花时间思考自己的优点、兴趣、特长、成就、价值观等，进行自我探索，再基于目前的能力水平，设定一些实际且可以衡量的目标，将大目标拆解为小步骤，逐步实现，增强成就感和自信心。每当出现否定自己的倾向时，立即回忆自己实现的目标，肯定自己的价值和能力，重拾信心去面对人生。

你可能已经发现，那些高情商的领导者明白真正的领导力不仅在于职位的高低，更在于能否以自信的姿态、真诚的情感与团队成员及外界建立深厚的联系。通过不断练习和实践，他们逐渐学会在社交场合中展现真我，用真诚和自信赢得他人的尊重与信任，从而构建起强大的个人品牌，引领团队向前。

第5章

关系管理：为人处世的高明，
向下管理的精髓

建立愿景，创造共同战略目标

建立愿景与创造共同战略目标被视为激发团队潜能、凝聚团队力量的核心策略。高情商的领导者擅长运用其深刻的洞察力与同理心，与团队成员共同描绘一幅鼓舞人心的未来蓝图。这一愿景不仅反映了个人的远见卓识，更融合了团队成员的共同期望与梦想。通过开放而深入的沟通，领导者引导团队将这一愿景转化为具体、可实现的战略目标，确保每位成员都能明确自己的角色与价值，从而在共同目标的驱动下，激发出前所未有的团队凝聚力和执行力，共同迈向成功与卓越的彼岸。

1. 个人愿景

愿景是一个组织或团队未来发展的蓝图，它为整个组织或团队指明了前进的方向，让组织或团队成员明确自己的工作如何与整体目标相契合。当每个成员都认同并致力于实现同一愿景时，他们会更加投入地工作，为组织或团队的成功贡献自己的一份力量。

情商破局

现代人提起王莽，有一个非常戏剧化的评价，说"王莽像是个穿越到古代的现代人"。为什么会这么说？

王莽是西汉末年至新朝初期的皇帝，他以深厚的儒学素养和强烈的政治抱负而闻名。他致力于缔造一个理想的快乐世界，建立愿景，改革官制，调整行政区划，实行王田制。

为实现社会的公平与正义，他实施五均六管，即在大都市设立五均司市师管理市场，以平抑物价，打击豪强兼并，保障百姓的基本生活。同时，他还推行了货币改革，试图稳定经济秩序。王莽还具有一定的国际视野。他试图通过外交手段来扩大国家的影响力，维护国家的安全和稳定。

他的愿景包含对土地、经济、科技、文化等层面的改革，他作为一名古代人，超前思想和改革精神与现代社会的很多理念或做法不谋而合，在当时的历史背景下显得尤为突兀，因而被戏称为"穿越者"。

然而，他的愿景与改革的现实效果却呈割裂状态。比如他废除藩王封号，收回部分封地，将土地重新分配给平民，实行"王田制"，直接触及了当时统治阶层的根本利益，导致贵族、地主阶级的不满和反抗，本想让百姓有田有产，却引发了社会混乱。此外，后续改革措施缺乏执行和监督机制，官员和地方势力趁机作乱，间接导致改革成果无法巩固和扩大，加剧了社会的混乱和动荡。

柏杨在《中国人史纲》中评价王莽为"儒家学派的巨子，以一个学者建立一个庞大的帝国，中国历史上仅此一次"。

可以说，王莽的愿景是建立一个乌托邦式的理想国，他想通过改革实现"人人富足、土地均等"的社会，然而这种理想化的社会改革脱离了当时社会的实际情况，最终的结果是，他理想中的王朝只能在内忧外患中走向灭亡。

2. 团队愿景

领导者的愿景不是单靠个人的力量就能实现的。如何将个人的愿景扩展为团队的共同愿景，让每个人在这个愿景中都能找到自己的位置？如何通过实际策略和行动推动这一愿景，达成目标？愿景应当是真实有效的愿景，而不是空想者的口号。

领导者制定的愿景既要有吸引力又具备可行性，可以从以下方面入手，来避免愿景变得虚无缥缈。

（1）使命与价值。领导者个人先要明确企业为何存在，其核心业务和提供的核心价值是什么，从企业的使命和核心业务中提炼出核心价值。这个核心价值就是制定愿景的重要基石。

（2）市场环境分析。分析市场趋势，了解行业趋势、竞争对手、目标客户等，为愿景的制定提供现实依据；善于运用 SWOT 工具，评估企业的优势、劣势、机会和威胁，便于在制定愿景的时候扬长避短。

（3）制定可实现的愿景。愿景应该具有挑战性，这样才能激发员工的积极性与创新精神，但也应基于现实，要根据企业、组织的实际情况制定目标。愿景要能具体化、可视化，比如转换为市场份额、产品创新、品牌影响力等，这样才具有可实现性。

（4）将个人愿景转化为共同愿景。这通常会令诸多领导者犯难，却是制定成功愿景的关键。这需要领导者具备优秀的关系管理能力，主要表现在领导者了解团队成员的需求，掌握有效的沟通方式，向成员分享愿景时展现出充分的同理心，认可每个人的独特性和差异性。

3. 个人愿景与团队愿景的转化

第一步，分析个人愿景与团队成员的个人愿景（目标）的共同点，组织团队会议、头脑风暴等活动，鼓励团队成员积极就愿景目标发表意见或想法，了解成员的担忧、疑虑和期望。这是激发团队共同价值观、目标的雏形。

第二步，强调共同愿景对于团队成员个人成长的重要性，明确这个愿景如何与团队成员的个人发展目标、发展路径和成长机会相关联，让成员感知到努力实现共同愿景，就能实现他们的个人目标。

第三步，将共同愿景转化为简洁、有力且易于理解的表述，指导团队在日常工作中的决策和行动，确保愿景可拆分为具体、可视、可衡量的任务，按照成员的特点分配下去并落地执行。

第四步，通过团队建设活动、表彰优秀员工、庆祝里程碑事件等，增强团队成员的归属感和团队精神，强化团队成员对共同愿景的认同感，让成员感受到自己是大家庭中的一员，是实现这一愿景不可或缺的一部分。

如何正确管理人际冲突

有人的地方就会有冲突。产生冲突的原因有很多，究其根本，主要有两个：一个是认知，另一个是利益。

诸如沟通不畅或误解导致的冲突、情感和情绪上的冲突、资源分配引发的冲突等，都是基于认知与利益的。

每个人都会以自身的认知来解释世界，自然而然就会产生理解与判断的差异，这种差异就会导致人与人之间的认知之争。

例如，某研发部门讨论开发一款面向市场的智能应用时，一名软件工程师认为应该采用最前沿的深度学习技术来提升应用的智能化水平，另一名软件工程师却认为应该先确保应用的稳定性和易用性，避免过度追求前沿技术而导致项目延期或质量下降。两人在多次讨论中都无法达成一致意见，最终爆发了激烈的争吵。

两位工程师在技术理念、项目优先级和风险评估等方面存在显著的认知差异，从而引发了冲突。

认知不同，就会产生不同的立场，立场衍生出一个人对待他人、事件的态度。众所周知，大众网友看待同一个社会新闻事件会有截然不同的观点，很多人甚至会因为观点不同而争执、吵架。这就是典型的认知冲突。

对比认知冲突，利益冲突更加直接明了。如果你触犯了某人的利益，那么冲突自然就产生了。工作中的利益冲突是最常见的冲突类型，比如资源分配、晋升机会、薪酬待遇等方面的竞争都有可能引发冲突。

1. 冲突不可避免

在现实中，很多领导者害怕团队成员发生冲突，觉得冲突会损害成员之间的关系，影响工作效率。其实，冲突是工作的一部分，当团队成员协同工作时，必然会因为理念（认知）或利益产生分歧和差异。

领导者在实施管理的过程中，不可避免会遇到很多冲突。比如团队内部、团队与其他职能部门、团队与客户、团队与外部供应商之间，都有可能会产生冲突。

既然冲突自然存在且不可避免，这就要求团队领导者对冲突有一个客观的认知，同时具备管理冲突的能力。

2. 客观认识冲突的两面性

领导者不要认为冲突都是负面的，其实有些冲突在鼓励言论自由、激发创新方面起到了推动作用，可以加速暴露团队存在的问题，促进问题的解决和团队的成长，这些冲突属于建设性冲突；而破坏性

冲突则可能导致团队内部的分裂，影响团队的绩效和稳定性。

孔子曰："君子和而不同，小人同而不和。""君子"的人际交往方式，追求和谐而不失独立思考的个性，不会盲目附和他人，而是会提出自己的观点和看法，在交流中碰撞出更多的思想火花，通过这种碰撞的冲突促进彼此的成长和进步。"小人"往往在表面上与他人保持一致，内心却并不真正认同这种一致，甚至可能存在矛盾和不满。

也就是说，冲突不全是坏事，也可能是团队发展、变化、创新的阶段性产物，能起到促进团队发展变革，增强团队成员之间的交流与信任，促使团队成员提升个人能力的作用。

当然，冲突升级至甚失去控制时，也可能会导致团队成员出现紧张和敌对情绪。严重的冲突会激化成员之间的矛盾，当团队成员将大量的时间和精力用于解决冲突时，他们可能会忽视工作任务和目标，阻碍团队的发展，导致团队整体绩效下降。

出现这种破坏性冲突时，如果领导者不能妥善处理，可能会导致冲突不断升级，直至无法解决。领导者如果可以在冲突发生的早期及时发现并解决它，冲突的破坏性就会大大降低。

3.团队中的人际冲突管理

（1）区分冲突的类型。领导者要区分不同类型的冲突，允许建设性冲突的存在，鼓励团队成员开展健康辩论和不同意见的交流，促进团队的创新和决策优化；同时，要时刻关注，保持警惕，确保这种冲突在可控范围内。

对于破坏性冲突，领导者要果断干预和及时制止，防止冲突进一步升级和扩大。破坏性冲突通常表现为内部成员或成员与外部人员强烈的情绪对立、沟通困难、合作受阻等现象。

（2）分析冲突的原因。一旦识别出破坏性冲突，领导者需要深入分析其产生的原因。冲突产生的原因通常为价值观的分歧、资源的争夺、个性不合引发行为对立等。只有深入了解冲突产生的原因，才能有针对性地制定解决方案。

（3）建立有效的沟通机制。沟通是解决冲突的关键。领导者要领倾听冲突双方的观点和感受，从沟通中获取信息，判断双方是否可以自行解决冲突；如不能自行解决，领导者在倾听、理解与分析原因的基础上，可以作为沟通的桥梁，引导冲突双方寻找解决方案，促进双方达成理解与共识。

（4）实施解决方案。在全面了解冲突原因并想出明确解决思路的情况下，领导者要按照既定的决策，积极推动并实施解决方案。为了有效管理类似冲突，可以根据该冲突的始末，设定明确的冲突解决流程和规则，提高团队成员对冲突管理的认识和重视程度。

（5）持续关注并改进。在冲突的解决过程中，领导者应该持续观察和了解解决方案是否有效，确保冲突得到妥善处理；如果发现冲突有升级的趋势或效果不佳，应及时调整策略并加大干预力度，后续继续关注冲突是否得到了有效的控制，避免其升级为破坏性冲突。

除了解决当前的冲突，领导者还应注意关注并预防未来冲突的发生。加强团队建设，提高成员之间的信任度和合作精神，完善团队的规则和制度，构建积极向上的文化，可以减少破坏性冲突的发生。

特别需要注意的是，领导者在管理团队成员的破坏性冲突时，要保持冷静、客观和公正的态度。可以说，冲突管理也是领导者必修的情商领导力课程。

培养他人，建立利他思维

众所周知，领导力是实现企业、团队目标的必要条件。优秀的领导者要具备领导力，才能充分调动下属的积极性，保证团队围绕共同目标努力奋斗。而要实现目标，不仅需要忠心的追随者，更需要有才能的追随者。

领导者一方面要靠个人魅力吸引有才能的人追随自己；另一方面要给团队成员赋能，培养追随者的才能。

论培养他人的能力，那就要提一提明朝开国皇帝朱元璋了。在一众开创盛世伟业的帝王中，唐太宗、宋太祖都会直接选用前朝的人才，就连同样草根起家的刘邦，也拥有萧何、曹参、张良这种才能卓越的追随者。只有朱元璋是带着自己儿时的小伙伴，聚集了一众小乞丐、和尚，一路走来，不仅要吸纳、甄别人才，还要用自己的智慧和情商培养初创团队的能力。论出身之低、家境之困，历代举事者谁能与朱元璋比？正是因为他将选拔人才和培养人才有效地结合起来，才能从无到有，夺取天下，建立并稳固政权。

高瞻远瞩的领导者通常会将培养他人作为基础工程。有效地培养和发展团队成员的素质，使他们在能力、态度、行动力上得到提升，才能增强整个团队的实力，构建一个高效、协作和持续成长的团队。这种培养力是领导力的直接体现，更是领导者影响力的主要来源。

1. 如何有效培养团队成员

（1）结合企业需求，明确培养目标和期望。培养人才应该有针对性，不能脱离公司与部门发展的需求，要根据企业的战略目标和员工的个人发展需求，制定可衡量、可达成的具体培养目标。明确对员工的期望，确保双方对目标有共同的理解，有助于员工自我管理和自我激励。

（2）互相了解，个性化指导。了解员工的优势、兴趣、不足和发展需求，并确保员工了解所在的岗位的价值和意义、岗位的工作标准，以及团队的整体规划和制度。为员工提供个性化指导和支持，帮助他们识别问题，协助制订并改进计划。

（3）激发员工的内驱力。人只有在心理上感受到自己的价值，才能激发内在动力。要想激发员工的内驱力，先要让员工明确团队的愿景、目标和他们在实现这些目标过程中的作用，这样他们才能理解自己的工作价值。

同时，要给予员工尊重与关爱。领导者的尊重、关心、爱护、信任可以满足员工精神上的需求，激发员工的工作热情。

深入了解员工的动机和需求，采取个性化的奖励方式来激发员工的工作动力，比如物质层面的奖金、奖品，或精神上的表彰、荣誉证书等。

（4）提升员工的职业技能。提供学习机会。为员工提供培训、研讨或在线学习等学习机会，安排他们到不同岗位学习，以拓宽知识面，提升专业技能。

授权和委派任务。将适当的职责和任务移交给员工，提高其能力和潜力。但要注意，从限制性授权到充分授权要有一个循序渐进的过程，不能操之过急。在授权后，要提供适当的支持和指导，确保员工能够胜任。

分配具有挑战性的任务。给员工负责重要项目的机会，让他们在实践中学习新技能，高难度的挑战也有利于激发他们的学习和成长动力。

（5）培养团队协作能力。鼓励团队成员开放、坦诚地交流想法、意见和问题，组织与团队协作相关的培训，组织团队建设活动、拓展训练等活动，增强团队成员之间的信任、理解和默契。当团队取得成绩时，及时认可并庆祝，肯定每个成员的贡献，强化员工的团队意识，增强团队凝聚力和员工的归属感。

（6）持续关注职业发展与指导。定期与员工讨论、回顾职业发展计划的执行情况，评估员工的工作表现和学习成果，帮助员工规划更合理的职业路径，指导员工进行有效的自我反思，激发员工自我改进的主动性。

（7）提供公平晋升的机会。优秀的公司与领导者以愿景为导向，以机会为驱动。当员工表现出足够的能力和潜力时，领导者会及时为他们提供晋升的机会，确保晋升体系公平透明，激励员工持续努力。

2. 用利他思维留住员工

最令领导者头疼的事件之一，就是自己用心栽培多年的下属，因为各种各样的原因离职。避免该事件的最佳思维就是懂得"利他"。如果领导者设身处地为下属谋取利益，下属自然没有离开的理由，例如韩信之于刘邦。

情商破局

楚汉相争时期，韩信作为一名先后投奔过项梁和项羽的军事家，在面临多方面诱惑的时候，最终选择了忠于刘邦。据说，韩信的谋士蒯通分析了天下形势，多次劝谏韩信自立为王，尤其是韩信被封为楚王后，因擅自集结军队被指控谋反，这是他最接近"背叛"刘邦的一次，但他并未采取行动。

韩信在军事上拥有极高的才能和威望，甚至可以说在一定的时期，他具备和刘邦、项羽相抗衡的实力，那他为什么可以抵挡住诱惑，忠心追随刘邦呢？

其实，韩信最初投靠的是项梁，但并未受到重视。项梁死后，他留在项羽麾下。在项羽那里，韩信最初被任命为执戟郎。这个官职并不高，只是负责守卫和仪仗。而且他多次向项羽提出建议，都未被采纳，这让韩信深感失望，认为自己在项羽手下很难有出头之日。

投靠刘邦以后，韩信的职业历程发生了飞跃。从默默无闻之士到大将军，再到后期封王，刘邦算得上韩信的伯乐和恩主。刘邦不仅充分考虑到韩信的利益需求，情绪价值也给得十分到位，时不时嘘寒问暖，极尽关爱。这让韩信对刘邦产生了深厚的感激之情，在情感上很难背叛刘邦。

刘邦之所以能够吸引、留住并激励韩信，是因为让韩信感受到追随刘邦可以实现他建功立业的抱负，而且刘邦是真心对他好。这就是领导者运用利他思维经营关系的结果。

对领导者来说，这就是一个避免自己器重的优秀下属跳槽的成功案例。

要想提高员工对领导者及公司忠诚度，领导者要有利他思维，凡事不仅考虑自己的利益，更要兼顾员工的利益，为员工创造价值。

领导者除了要为自己负责，还应全面深入地考虑员工的需求和目标，既要考虑现在的需求，又要考虑将来长久的需求。领导者要想清楚这么多人跟随自己，自己能为他们带来什么价值。如果领导者的愿景与员工的目标有较高的一致性，比如员工希望提高收入，迫切想得到成长，而企业需要提升业绩，员工与企业的目标并不违背，而是一致的，就能实现企业和个人双赢。

信任是通向彼此的桥梁

人与人能否和谐共事，取决于一个"信"字。在现代企业中，领导力的基础是合作关系，而合作关系的前提是信任，信任才能带来双方的良性关系。可以说，信任是建立和维持人际关系的核心。只有互相信任时，人们才愿意坦诚相待，而坦诚恰恰是促进了解、加深亲密关系的关键因素。

优秀的领导者一定是受到他人信任的人，只有被信任，才有可能被追随。换句话来说，你根本不可能领导不信任你的人。因为对方从心底里不相信你，就会本能抗拒按照你的期望行事。

我们常看到这样的现象：某企业高薪聘请的领导者个人能力很强，先前的工作成绩十分出色，入职公司后，却无法发挥出自身出色的领导能力。这是因为他的个人能力下降了吗？不是的。很大一部分原因是他还没有取得下属的信任。信任需要通过行为来积累，需要领导者通过对各项事件的处理去证实自己的能力，展现自己的个人魅力，让下属感受到这个领导靠谱，是个值得信任的人，追随他有前途。

无论是军队用兵还是企业用人，如果互相不信任，最后的结果必然是惨败而归。

家喻户晓的南宋将领岳飞，被安上一个"莫须有"的罪名含冤入狱，最后惨遭杀害，成了中国历史上的千古冤案。究其死因，不过是帝王的猜疑。他死后，南宋的抗金斗争受到了重大的打击，南宋朝廷也更加腐败和混乱。

"疑则勿用，用则勿疏，然后能欣合其心，驯致其道。"这是唐代白居易在《策林三·君不行臣事》中对君主任用臣子的建议，意思是在选拔人才时，如果怀疑其忠诚或能力，就不该任用，一旦决定任用，就应该给予充分的信任和支持，不要疏远或怀疑。只有建立在信任基础上的任用，才能够建立良好的关系，让彼此心灵相通，按正确的道路前进。

如果南宋皇帝赵构在政治管理上能贯通白居易的理念，避免一面任用岳飞、韩世忠等抵抗金军，一面又任用汪伯彦、黄潜善、秦桧等对金讲和，还出于猜忌，纵容讲和派构陷岳飞，那么，南宋或许不至于面临向金称臣纳币、割地求和的局面。

纵观中国历史，多少君臣佳话始于一句"疑人不用，用人不疑"。从实践中寻求真理是做人的智慧，以真理来贯彻实践是为人处世的策略。

这一点在唐太宗李世民身上体现得淋漓尽致。早在白居易提出组织管理和人才选拔的理论之前，当时还是秦王的李世民，就在用人方面展现出了非凡的气度和胆识。

情商破局

尉迟恭和秦叔宝作为唐朝名将，被后世冠以忠诚和勇猛的美名，而这美名的背后是一段君臣互相信任的佳话。

秦叔宝原本是王世充手下的将领，后加入李世民麾下。古来降将多为世人诟病，李世民却从未因曾其事二主而起疑心，秦叔宝也不负信任，在"虎牢关之战""玄武门之变"中发挥了关键性作用，最后更是名列凌烟阁功臣之中，名垂青史。

同列凌烟阁功臣名单的尉迟恭，在隋末混乱时期加入混战，后投刘武周，被纳入大将军宋金刚麾下，成为一员猛将。作为刘武周、宋金刚的得力臂膀，尉迟恭与唐军有过多次交战，后来投降李世民。据说尉迟恭归降后，李世民手下的各位将领并不信任他。尤其是在攻打王世充的过程中，很多跟随尉迟恭投降的将领叛逃，李世民的部下因担心尉迟恭会叛逃，把他关押了起来。他们认为，与其让尉迟恭逃走，不如杀了他。

李世民却表示，尉迟恭如果想逃走，早就逃了，根本不会别人走了，他还坐以待毙。他不仅亲自释放了他，更推心置腹地向尉迟恭表达了信任："丈夫以意气相期，勿以小疑介意。寡人终不听谗言以害忠良，公宜体之。必欲去者，今以此物相资，表一时共事之情也。"

此刻的尉迟恭心里深受感动，李世民对有可能叛变的降将都如此优待，还赠送物资任由他选择去留，这样的魄力非常人能有。如果说尉迟恭之前的归降是形势所迫，那么此事之后，他已有"士为知己者死"的追随决心。

信任从来不是某一方的自作多情，而是一种良性关系的循环，是双方在交往当中展现出来的"无论什么情境，我都信你的为人、信你的能力"。李世民做到了，尽管他手下多是降将，也因他坚持用人不疑的原则，收获了对方的忠诚和信任。

换成现代企业管理和人才选用，也是同样的道理。信任是通向彼此的桥梁，是长期合作的基础，是推动和实现共同目标的前提。

那么，领导者如何做能让下属感受到信任？

（1）用人时不疑。如同李世民对众多归降的部将那样，只有充分信任，才能开展后续一系列事务；如果怀疑，就干脆不要任用。只有在信任的前提下，领导者才会把重要的任务和职责分配给下属，这恰恰是下属展示自己的能力和价值的机会，能让他们感受到被重视和尊重。

（2）展现自己的能力。人们总是乐于信任可靠的人。"可靠"具体体现在一个人能做到言行一致，遇事不退缩，展现出"扛事"的魄力。领导者的专业能力（比如业务能力、解决难题的能力和较高的领导能力）能体现可靠性。领导者的诚信品质和责任感，是获得下属信任和依赖的重要条件。

（3）信任对方的能力。领导者任用一个人，就要相信他能胜任职务或做好事情。对于下属来说，信任本身就是一种鼓舞。得这种正面的感受有助于激励下属超越自我，发挥更大的潜能。被信任的下属会更愿意展示自己的才华和技能。

（4）履行承诺与责任。彼此信任的先决条件是诚信。言出必行，说到做到，对下属的承诺要尽力兑现，提供必要的支持与资源，确保下属拥有完成工作所需的人力、物力、财力方面的资源。在出现问题或错误时，敢于承担责任，不推卸，不归咎于他人，积极寻找解决方案，体现出果断性和决策力。

成功的领袖善于恩威并施

领导者有两种权力，一种是组织架构赋予的强制性权力（职权），一种是个人魅力带来的软实力。很多人对职权和个人魅力的运用有一个误解，认为对待下属必须以德服人，做下属眼中的好人，避免用职权约束他们，这样下属才会追随领导者。实际上，职权和个人魅力共同影响领导结果，过度利用职权施威会削弱领导者的个人魅力，让下属产生抵触情绪；过度注重施恩以此增强个人魅力，则可能使领导者在团队中失去控制力，导致团队混乱。

1. 只注重施恩的管理方式

情商破局

广州某跨境电商公司高薪聘请了一名人力资源总监。该总监入职公司两周后，发现了一个奇怪的现象：这家公司的团队氛围十分"轻松"，员工迟到、早退、代替打卡都是司空见惯的事情。她与总经理商议后出台了新的考勤制度，结果收效甚微。就目前大家的工作态度而言，按新制度规定，月底百分之八十的人考核都会不合格。这可不是好现象。

于是，她紧急约谈了两名表现非常过分的员工，谈到后面时，其中一名员工刘辉居然说："狗拿耗子，多管闲事。"

总监也不气恼，直接提交"该员工工作态度不端正，无故旷工超过三天，现决定予以开除"的申请。申请流程走到总经理那里，却迟迟等不到批复。

后来经过一番打听，她才知道那名口不择言的员工私底下去找总经理求情，一顿诉苦，涕泗横流。据说，总经理再三保证不会开除他，还亲自送他出了办公室。

总监找到总经理说："张总，上周我在公司系统提交了一份申请，您收到了吗？如果没有，我稍后再补发一份。"

总经理敷衍说："这两天事儿多，我回头就看。"

"反正我过来了，就先跟您汇报一下。这是一份关于开除刘辉的申请，请您及时批复。"

如此一来，总经理不得不正面回复了。他说："刘辉是公司创立第一年就入职的老员工了，你一来就开除他，以后的工作怕不好开展。"

总监推心置腹说："我加入企业就是来解决企业的人员管理问题的，您聘请我来担任这个职位，也是深思熟虑后相信我能胜任这个岗位的选择，所以我未来要如何开展工作的问题，您不必担心。'慈不掌兵，义不掌财'这个道理，我相信您比我更清楚。您作为公司的总经理，可以给予员工关怀和支持，可以与大家建立深厚的情感联系，但要确保权威与纪律。纵容一个员工违反制度，就是纵容整个公司的人挑战您的权威。请您权衡利弊，及时批复我的申请。"

在这家公司中，总经理长期采取对员工极度宽容和施恩的管理方式，员工违反公司制度时也只是走过场提醒一下，缺乏实质性的惩罚。在总经理看来，他这种管理方式是在加深领导者与员工之间的情感，让员工感受到公司的关怀和友爱，可以起到激励员工工作积极性的作用。

可是，正是这种只注重施恩的管理方式，导致员工缺乏责任感，工作懈怠。

领导者在员工面前树立正面的好人形象没有问题，但不能没有底线，没有底线员工就会肆无忌惮，胡作非为，不把领导放在眼里。

领导者对下属只施恩不施威对于企业发展来说，负面影响大于正面影响，具体表现为以下方面：

（1）员工缺乏责任感。因为领导者从不严厉批评或处罚员工，员工便不再认真对待工作，在工作中敷衍了事，越来越缺乏责任感。

（2）影响团队风气。缺乏明确的规则和界限，员工之间容易互相推诿责任，并因此产生矛盾。有的员工会利用领导的宽容，故意挑战企业的规章制度，影响整个团队甚至企业的风气。

（3）领导者权威受损。领导者对下属过度宽容，会让下属怀疑领导者的决策能力和管理能力，不把领导者的指示和决策当一回事。

（4）企业利益受损。由于员工缺乏责任感，团队风气不佳，对待客户的态度就可能比较敷衍，客户会拒绝合作，导致企业的业务减少，企业的整体利益受损。

2. 只注重施威的管理方式 ▶▶▶▶

如果说"施恩"是谈感情，"施威"就是唯职权论的管理方式了。这种方式是指领导者充分利用手中的职权，对员工进行极强的约束。

纵观中国历史，往往到了王朝开始走下坡路的时候，最高统治者连表面的仁义道德都抛诸脑后，开始了专制统治。

情商破局

明世宗嘉靖帝朱厚熜绝对是个聪明绝顶的政治家。他在位早期，打击权臣和贵族，整顿朝纲，进行了一系列的经济、军事、文化改革，实现了中央集权的复兴和强化。毋庸置疑，朱厚熜的改革巩固了明朝的统治基础。但这不妨碍他独揽大权后独断专行，甚至实行薄情寡义的高压统治手段。

嘉靖帝在位期间，将中央集权制度下王权的专制性和随意性的弊端暴露无遗。他手段强硬，固执己见，行事不近人情。

他对待大臣极为苛刻，稍有不满便施以重罚甚至杀害。遇到这样的皇帝，臣子随时面临稍有不慎就罢官免职，重则死无葬身之地的后果，谁还敢说真话、办实事？在这种环境下，就只有海瑞直言敢谏，结果便是仕途坎坷，获罪入狱，险些被处死。嘉靖后期，整个文官集团都默不作声，王朝从下到上实行的保命策略是，"一切围绕帝王个人喜怒，而非民生社稷"。

对于妃子和宫女，嘉靖帝更是动辄打骂，导致多人死亡。有的宫女因无法忍受其残害压迫，制订了谋杀嘉靖帝的计划，但刺杀行动并未成功，涉事的宫女全部被凌迟处死。这个刺杀行动就是著名的"壬寅宫变"，是中国历史上极为罕见的宫女刺杀皇帝的事件。刺杀事件后，嘉靖帝搬出了紫禁城，在西苑潜心修道，不问政事，连续二十多年不上朝，导致奸臣严嵩趁机把持朝政十多年，做着专权乱政之事，明王朝由此从强盛逐渐走向衰败。

同理，现代企业管理如果只施以权威，不讲人情，也会产生诸多负面后果。

（1）员工士气低落。奉行权威主义的管理方式意味着忽视员工的情感需求，这会让员工感到被忽视和不被尊重。而且长时间处于高压和不被理解的环境中，员工可能会逐渐失去工作的热情和积极性。

（2）团队缺乏凝聚力。缺乏人情味的管理方式会削弱团队的凝聚力，导致团队成员缺乏沟通和信任，引发团队内部的矛盾甚至是分裂，影响工作效率和成果，导致企业收益下降。

（3）抑制创新和冒险精神。奉行权威主义的管理方式，员工往往不敢有创新思维，倾向于保守和稳定，维持不出错的工作状态，这不利于企业在激烈的市场竞争中保持竞争优势。

（4）人才流失。在一个只讲权威、不近人情的企业，优秀的员工可能会感到不满并选择离职，这不仅会导致企业失去宝贵的人力资

源，还可能会影响企业的声誉。

（5）企业文化扭曲。长期实行滥用权威、不讲人情的管理方式会逐渐形成一种扭曲的企业文化，这种文化强调服从和规则，忽视创新、灵活性和员工的个人价值。

3.恩威并施的管理方式

无原则的宽容会让人"得寸进尺"，而过高的压力又会让人办不好事。

所以，在企业管理中，领导者应该讲究恩威并施，平衡权威与人情的关系，在确保企业有序运行和高效管理的同时，关注员工的情感需求和职业发展。

能在权力和人情之间找到平衡，做到恩威并施，是领导者的高明之处，也是领导力的具体体现。

（1）施恩层面：

赞扬与认可。当员工取得成绩或做出积极贡献时，领导者应及时给予赞扬和认可，比如公开表扬、颁发奖励或提供晋升机会等，以此表达对员工的赞赏，增强他们的自信心和归属感。

关注职业发展需求。提供必要的培训和学习机会，提升员工的专业技能和综合素质，给予精神鼓励或提供资金支持员工考证。

关心生活与情感。了解员工的家庭状态、兴趣爱好等，在适当的时机给予他们关心和帮助，比如提供精神支持、解决家庭困难等。

（2）立威层面：

严守规则与底线。制定明确的规章制度和工作流程，确保所有员工都清楚自己的职责和企业对自己的期望。同时，必须明确企业的底线和不能容忍的行为，必要时采取严格的措施。

严格执行规章制度。当员工违反规章制度时，严格采取相应的处罚措施，比如警告、罚款、降职或解雇等，维护领导者和企业制度的权威。

保持理智，避免情绪化。处理员工出现的问题时，领导者作为权威的代表，应该保持冷静和理智，避免情绪化的决策和行为。以了解事件为前提，以沟通为桥梁，以解决问题为目标，情绪稳定是彰显权威性的重要因素。

言行一致，树立威信。领导者通过自身的言行（比如分享解决问题的经验和总结的方法，提供指导和建议）来树立榜样和威信，展示自己的专业素养和领导能力。

第 *6* 章

洞察人性：卓越领袖的
驭人之术与攻心手段

知人者善用人

领导者之所以能够成为领导者，必然具备了普通员工所拥有的品质以外的特质。前文说到的"自我认知""自我管理"，是领导者必备的能力。只有能够正确认识自我、管理自我的人，才能有效任用他人、管理他人。

用人者要练就一双慧眼，即具备敏锐的洞察力，才能准确地观察和判断他人的性格特点和能力。这就需要对人性有深入的理解，以及掌握丰富的人际交往技巧。

只有在了解他人的基础上，用人者才能评估他人的潜力和价值，以及他们适合从事的工作类型，用中国的一句古话来说就是"知人善用"。

《尚书·皋陶谟》中有一句话："知人则哲，能官人。"意思是，能够了解并识别他人的人才是明智的，这样的人善于任用和管理人才。能够深入了解和理解他人的人，通常也擅长合理地利用和发挥他人的才能。这里所说的了解，包括性格、能力、优点和缺点等。领导者根据这些合理地分配任务、安排工作，能使每个人都在自己的岗位上发挥出最大的效能。

治理国家和管理团队有异曲同工之妙。如果国家的最高统治者不会识人，用错了人，代价往往是个人及整个国家的灭亡。

情商破局

秦二世而亡，二世皇帝胡亥统治时期的混乱与衰败，很大程度上归咎于他在洞察人性方面的严重缺陷。他看错并用错了李斯和赵高。虽然胡亥本身得位不正，但如果他懂得观察人性，就应该明白李斯作为秦始皇重用的大臣，可以为了权力和私欲篡改遗诏，这样不忠不诚之人不可信任。而赵高作为宦官，策划篡改遗诏，无信无德，掌权后排除异己、残忍暴虐，其野心与阴谋昭然若揭。胡亥作为帝王，个人能力不足，在识人、用人方面也一窍不通，他的愚蠢和无知不仅加速了秦朝的衰败和灭亡，还给自己带来了悲惨的结局。

而会用人的皇帝哪怕自己资质稍差，政治天赋不足，也可以在能人的辅佐下稳坐宝座。

比如明朝万历皇帝朱翊钧长时间不上朝，却实现了对朝政的遥控，确保了皇权的稳固，得益于他在用人方面的眼光和手腕。他善于提拔和任用忠于自己的人才。内阁首辅张居正在辅佐皇帝处理朝政期间，承担了大量的政务工作，大力推行"万历新政"，施行一系列改革措施，减轻百姓负担，增加国家财政收入。其改革不仅恢复了明朝的国力，还延续了明朝的统治，赋税制度也产生了重大的影响。后人

评说张居正的改革至少为大明王朝续命五十年。

1. 知人的智慧，用人的艺术

古往今来，"知人善用"一直被视为领导者情商与智慧的象征。这在今天的企业管理中同样具有重要作用。

领导者用人的艺术，重点在于对人才的选择（知人）和对人才的管理（用人）。只有在了解的基础上才有可能选择到合适的人，再加以合理任用，便是"知人善任"。

《书·立政》曰："劳于求才，逸于任贤。"这句话的意思是，求贤才很辛苦，一旦贤才到位就轻松了。这告诉我们一个道理：比起管理人才，更重要的是选择人才。想要选择到合适的人才，必须先用心识人、知人，洞察人性，发现有能之士。

知人、用人是领导者管理企业必备的能力。

2. 欲用人必先知人

知人是识别人才的关键。领导者不仅要关注员工的言行举止等表象，更要关注他们的内心世界、情感、价值观，观察和了解员工的才能与潜力，发现他们的优势和缺点。每个岗位都有其特定的职责、要求和挑战，领导者只有全面评估人才，足够了解他们的技能、经验、性格特质和潜力，才能把员工安排到合适的岗位，促使员工充分发挥才能，达成人与岗的最佳组合。

3. 人才选拔与配置

领导者要根据候选人的能力、经验和潜力，将其配置到最合适的岗位，确保岗位需求与候选人能力的匹配性；综合考虑团队成员的性格、技能和经验差异，进行合理的团队组合，通过互补性的团队配置，提升团队的整体效能和协作能力。

4. 充分发挥人才优势

人无完人，领导者要避其短、用其长，根据人才的优势和特长，将其安排在最能发挥作用的岗位上，为人才提供充分的发展机会和平台，鼓励他们不断学习和成长，激发他们的积极性和创造力。

5. 激励与留住人才

建立科学有效的激励机制，比如薪酬激励、晋升激励、荣誉激励等，关注人才的需求和期望，及时解决他们在工作中或生活中遇到的问题和困难，加深领导者与员工的情感连接。

知人者更善于任用人。领导者对人才进行深入了解之后，任用人才时要注重对人才的合理规划，这样才能最大限度地发挥人才的价值和潜力，为企业的持续发展和成功添砖加瓦。

用心倾听是一种智慧

用心倾听不仅是一种沟通技巧，更是一种深邃的智慧。它超越了表面的言语交流，触及人性中最细腻、最真实的部分。真正的倾听不仅是听见对方说了什么，更是理解对方没说出口的情感与需求，是对他人内心世界的一种深刻洞察与尊重。

1. 沟通的前提是倾听

人与人之间沟通出现问题的时候，常会归咎于对方不可理喻。当领导者与下属沟通失败时，领导者通常会认为下属工作态度恶劣。实际上，沟通是双向的，有效的沟通建立在信息的准确传递和理解之上。领导者在沟通中不要只注重输出信息，而要注重接收信息，扮演一名合格的倾听者，用心去感受对方的话语和情感。

正如《道德经》所言："多言数穷，不如守中。"与其多言，不如守中；与其倾诉，不如倾听。在人际交往中，得到很好的倾听，往往意味我们的表达被听见，这让我们的倾诉变得有意义，产生被他人理解、尊重的感受。

如果一个人说话时没有人听，也没有人做出回应，说话者传递想法与感受的目的便无法达到，就会产生一种被忽视、被拒绝的挫败感。想象一下，说话时对方在玩手机或处理其他事务，你还有继续交流的欲望吗？我想，大部分人都会觉得失落，不想再进一步沟通。

2.善于倾听者让人信任和追随

一个善于倾听的领导者，往往能够赢得他人的信任和追随，提高团队的凝聚力和工作效率。

情商破局

王总是一家大型制造企业的CEO，以卓越的领导力和对员工的深切关怀而闻名。他是如何让员工获得归属感和感受到尊重的呢？

当公司准备推出新的生产线升级计划时，领导层深知这个计划将大幅提升生产效率，但意味着大部分员工需要学习新的技能或面临岗位调整。

公司大多数领导者都认为应直接推行升级计划，将来员工自然能理解升级计划带来的好处。王总却决定召开一次员工大会。大会开始前，会场中弥漫着紧张和不安的情绪，员工们都担心自己的未来会受到影响。

王总上台后并没有立即介绍升级计划的细节，而是先请大家安静下来，进行一次特别的"倾听"。他邀请每一位员工分享自己的担忧、建议和期望，承诺会认真倾听每一个人的声音。在这次员工大会中，王总收集了很多信息。年纪较大的老员工担忧自己难以掌握新技术，王总承诺并改进培训计划，让老员工得到充分的学习和支持；年轻的技术员提出了生产线自动化的创新想法，这对于公司来说有很大帮助。

整个过程中，王总始终保持聆听的姿态，没有打断任何人的发言，也没有急于给出结论。他认真记录下每个人的意见和建议，并对员工做出了相关的安排。

员工在讲述的时候感受到了王总的真诚和尊重，这让他们更加信任和支持公司的决策，整个公司的团队凝聚力和向心力得到了极大的提升。后来，公司的生产线升级计划得以顺利实施，员工们也积极参与培训，顺利完成了技能升级和岗位调整。

3. 沟通失败的关键是不懂倾听

不懂倾听，除了会导致沟通失败外，还会导致一系列连锁反应，严重阻碍信息的有效传递和人际关系的和谐发展，主要表现在以下方面：

（1）影响协作效率。如果领导者不善于倾听，员工的想法、需求、担忧或建议可能就无法被充分理解，甚至会被忽视，导致决策失误或执行不力。这种信息不对称会影响协作效率，甚至会引发误解和冲突。

（2）产生情感隔阂。倾听不仅是接收信息，更是对对方的情感回应和尊重。领导者如果不善于倾听，员工可能会觉得被忽视、不被重视，从而产生挫败感和疏离感，这种情感上的隔阂会削弱团队的凝聚力，影响员工的积极性和对企业的忠诚度。

（3）信任关系受损。领导者在倾听时展现出的真诚和尊重，能够获得下属的信任；反之，如果领导者不愿倾听下属的声音，下属可能会怀疑领导者的诚意和决策能力，导致信任关系受损。信任是团队合作的基石，缺乏信任的团队难以形成合力，无法应对挑战。

（4）员工的创新力受阻。倾听是激发创新的重要途径。一线员工往往拥有第一手的实践经验和独特的见解，这些可能是领导者未曾考虑到的，如果领导者不倾听下属的意见或建议，就可能错失创新的时机，限制团队、企业的发展。

倾听不仅是用耳朵接收声音，更是深入理解对方的过程。它要求我们在沟通中保持专注和敏感，不仅关注对方的语言表达，还要留意其肢体语言、语调、情绪等非语言信息。

倾听作为一种基本的交流技能，其重要性常常被低估。在人际交往中，真正的倾听不仅是听到对方的声音，更是理解、感受并回应对方的情感需求。这种深层次的交流方式对建立和维护深层关系具有重要作用，可以视为打开彼此心灵之门的一把钥匙。

领导者与下属沟通出现问题，往往反映出领导者在倾听方面不足。通过提高倾听能力，领导者就可以更好地理解下属的需求和期望，增强团队的凝聚力和创新能力，推动团队向更高的目标迈进。

4.用心倾听七步法

（1）全神贯注。用心倾听要求我们将注意力完全集中在对方身上，避免分心或打断。这意味着我们要暂时放下自己的想法、情绪和需求，全神贯注地接收对方传达的信息。

（2）理解言辞。聆听并非只用耳朵听对方说的话，更重要的是理解其背后的含义和意图。我们要仔细地分析对方的言辞，包括用词、语法和语气，捕捉其真实的意图和情绪。

（3）观察非语言行为。比起言辞，非语言行为通常能更准确地反映一个人的真实感受和态度。因此，用心倾听时，我们要密切观察对方的肢体语言、面部表情和语调等，这样才能获取更全面的信息。

（4）给予反馈。在倾听的过程中，我们可以通过点头、微笑、眼神交流等方式给予对方积极的反馈。这不仅可以表明我们在认真倾听，还可以鼓励对方继续表达自己的想法和感受。

（5）避免干扰。在倾听时，我们要避免手机、零食、外界噪声或内心的杂念等各种形式的干扰。这些干扰会分散我们的注意力，降低倾听的效果。

（6）保持耐心。用心倾听需要耐心和毅力。有时候，对方可能需要一段时间来整理或表达情感，在这种情况下，我们要保持耐心，给予对方足够的时间和空间来表达自己。

（7）避免打断或妄下结论。倾听时刻，应该避免打断对方或妄下结论，因为这可能会打断对方的思路，导致信息传达不完整或误解。相反，我们应该让对方完整地表达自己的观点和感受，然后再进行回应或提出疑问。

在快节奏的现代生活中，我们往往忽略了这种深层次的交流方式，而更多地依赖表面的、浅层次的沟通。沉默不仅是指言语上的静默，更是指那些深藏于人心、难以言表的情感、思绪或经历。我们只有愿意深入他人的内心世界，用心去倾听，才能真正地理解对方，建立起一种更加紧密和持久的联系。

与其管理他人，不如先学会共情

在现代企业中，什么才是领导者最重要的能力呢？

优秀的领导者要具备很多项能力，每一项能力都不是孤立存在的。从学术的角度看，管理学是一门学科，研究管理的理论、原理、方法和工具，涵盖了组织行为学、战略管理、运营管理、人力资源管理、市场营销等分支领域；从应用角度看，领导者要具备包括决策能力、沟通能力、协调能力、领导能力、创新能力等各项管理技能，以便更好地管理员工。

结合学术和应用，可以回归到领导的本质：做管理，就是管理人。因为无论是对任务、资源或流程的管理，还是对人力组织的管理，最终都是由人来执行的。

越来越多学者强调"以人为本"，认为领导力的核心在于激发和调动人的积极性、主动性和创造性，在于对人的影响能力。与其说管理他人的具体表现，让其行为按照领导者预期的方式进行是管理行为，即领导力影响（领导）他人的行为，不如说一切行为的激发都取决于调动个人情绪。

情绪是驱动个人行为的关键因素，可以激发或抑制个人动机，从而影响人的行为。

所以，领导者管理他人行为最重要的是调动他人的情绪，因为情绪具有强大的感染力，影响人的动机和沟通效果。领导者不仅要善于管理自己的情绪，还应该具备管理他人情绪的能力。

管理他人情绪的基础是理解他人情绪，这是一种同理心的展现。同理心是一种心理能力，指个人能够设身处地地理解他人的情绪、感知和经历，从而与之产生共鸣并表现出适当的情感反应和关怀，也被称为"共情力"。共情力是领导力要素中的重要组成部分。

共情包括情感性共情、认知性共情和行为性共情三种。情感性共情是指对他人的遭遇或情绪感同身受，能够与其产生共鸣和情感连接；认知性共情是通过采择他人想法、观点，辨识他人情感状态来理解他人的能力；行为性共情则是通过言语或者非言语的方式进行共情表达与对话沟通的能力。

共情的能力用更直观的话来形容就是你能猜到、感受到别人的想法，能听出别人的弦外之音，能从沟通的表象中听出别人的难言之隐。在复杂的人际关系中，共情能力强的人通常有洞悉人心、通晓人情的能力；反之，则听不懂别人说话，不通人情。

缺乏共情能力的领导者可能无法准确理解员工的感受和需求，也无法在沟通中捕捉到员工的情绪变化，只会按照自己的意愿和想法来决策和行动，而忽略团队成员的感受和需求，自然也就无法调动他人的情绪。

而善于共情的领导者面对复杂的人员管理和事务管理时，不仅能在工作上引导员工相互支持和配合，更能在情感上对员工产生理解和共鸣，这种共情关系能够极大地增强员工的归属感和忠诚度。

情商破局

在一家专注人工智能研发的科技公司，有一位名叫李明的软件工程师一直以来都是团队中的佼佼者。然而，近期李明陷入了职业发展的瓶颈，他感到自己的工作陷入了重复和缺乏挑战的状态，导致工作热情和动力大幅下降。

李明的直接领导即研发部门的张总监注意到了李明这一变化。他没有像往常一样直接给李明分配更多的任务或施加压力，而是邀请李明进行了一次一对一的谈话。在谈话过程中，他耐心地了解了李明的困惑和不满，并表达了对李明能力的认可和赞赏。

张总监告诉李明，他理解李明对于工作挑战和成长的需求，也看到了李明在团队中的重要作用，表明自己能为李明提供帮助，并鼓励李明保持积极的心态，勇敢面对挑战。

在张总监的支持下，李明积极参与了更具挑战性的项目，不断提升自己的技术能力和创新思维。他逐渐成了团队的核心成员，为公司的研发工作做出了重要贡献。

布伦特·斯蒂尔顿说："没有共情，我们没法与他人心灵沟通，不能理解别人的需求和情感，也就不能成为真正的领导者和改变者。"

共情是人与人心灵沟通的桥梁，它使我们能够深入理解他人的需求和情感，从而建立起真正的连接。缺乏共情力，我们就如同置身于孤岛之上，无法真正触及他人的内心世界，也无法有效地领导或改变他人。

1. 具备强大共情力的领导者特质

（1）高度敏感性。这类领导者对团队成员的情绪变化非常敏感，能够迅速捕捉到微妙的情绪信号，深入地理解团队成员的内心感受，从而做出恰当的回应。

（2）倾听与理解。具备强大共情力的领导者擅长倾听团队成员的意见和感受，不仅听别人说什么，还关注别人怎么说、表情如何等细节，可以通过倾听更加全面地理解团队成员的需求和期望。

（3）情感共鸣。能够在交流中与团队成员产生情感共鸣，对团队成员的喜怒哀乐表示理解和支持，从而建立更加和谐和积极的团队氛围。

（4）真诚与关怀。通常能够对团队成员表现出真诚和关怀的态度，关心团队成员的个人成长和发展，愿意为团队成员提供帮助和支持。

（5）适应性强。可以根据不同员工的需求和情绪状态，灵活调整自己的领导风格和行为方式，不受自己的情绪左右，对他人表现出强大的适应性。

在实际工作中，领导者会面对性格各异的下属，所以领导者除了要关注下属的能力，还要关注他们的交际风格，然后根据每个人的风格和他们相处。而理解每个人的风格，满足其需求和情感，与各类下属建立良好的关系，需要强大的共情领导力。

拥有共情领导力的领导者能与各类下属和谐共处。他们能够理解下属的难处，为其提供支持和帮助，与下属建立良好的沟通渠道，还能有针对性地引导下属的情绪，激发其潜力和创造力。可以说，共情领导力是让领导者拥有更多追随者的重要力量。

有些人天生就具有较强的共情能力，但每个人都可以通过后天的学习和实践来提升自己的共情水平。

2. 领导者的共情力提升路径

（1）不以自我意识为中心，而以他人感受为方向。领导者要读懂别人，先要放下自己；思考问题不从自己出发，而是从别人的行为、语言出发，无论遇到什么问题都习惯思考：遇到这个问题，对方是什么感受？他现在需要什么？我能做些什么帮助他？

（2）倾听时的关注与尊重是最有力量的共情。领导者要主动给予他人充分的表达空间，关注他们的面部表情、身体语言等，无论何时都不要打断他人说话，也不要急于表达自己的观点；如果要表达，先认可对方的情绪，再提出自己的见解。

（3）对他人保持好奇，就是对他人的重视。领导者要多提出有关他人生活、兴趣、想法和感受的问题；表现出对他人的经历和观点感兴趣，他人才能感到被理解和接纳。这种对他人表现出好奇的积极态度，也能让他人感到被重视和受欢迎，从而更愿意与领导者建立联系。

（4）将心比心，便是佛心。领导者设身处地为他人着想，站在他人的角度思考问题，理解他们的处境和感受时，自然会对他们产生同情和关爱，消除对他们的偏见和误解。这是一个提升智慧和洞察力的过程。

因势利导，与人沟通亦有谋略

中西方的管理模式存在巨大差异。美国和欧洲的企业通常采用分散式管理模式，强调员工的创新和参与。中国则受政治、社会、文化等因素的影响，需要在追求盈利和社会稳定之间寻找平衡，因此领导风格更加偏向权威，强调集中决策和纪律性。这并不意味着中国企业等级森严。事实上，中国的很多企业都有着注重民主和平等的领导理念。

1. 管理学中的"人性假设"

中国管理学基于儒家文化中的"性善论"，注重人的"社会属性"和"道德属性"，管理对象是被感悟的。中国社会更加注重人治、感化，习惯以家庭的管理方式来管理企业，所以关系管理和人情管理在很大程度上影响着企业的发展。

2. 中国人独特的沟通属性

在中国文化中，关系和人情是重要的存在，尤其体现在人际沟通的层面。沟通不仅是为了传递信息或解决问题，更是为了建立和维持良好的人际关系。

与西方文化相比，中国人更倾向于委婉、含蓄的沟通方式，可能不会直接表达自己的想法或感受，而是采用暗示、隐喻等方式来传达信息，有时候需要对方具备一定的解读能力才能准确理解信息。在不同的场合和情境下，人们也会采用不同的沟通方式和策略。比如在正式场合，人们可能会更加注重礼貌和规矩；而在非正式场合，人们会更加随意地表达自己的热情。

人们在人际交往中要有高超的沟通智慧，才能游刃有余地处理各种问题。深受文化背景和社会结构的影响，一些领导者的沟通模式也独具特色。比如，有的领导者更注重情感的交流和互动，会关心、照顾和尊重下属，在沟通的时候也会充分考虑下属的面子问题，尽量避免在公开场合直接批评或指责下属，而是会选择更为含蓄的方式，如通过私下沟通或以分享经验的方式来引导下属自我反思和改进。这种委婉的方式有助于避免直接冲突和尴尬局面，也更加考验情商。

古人的沟通策略丰富多样，蕴含深厚的智慧。古人强调在沟通中要以诚相待，真诚是沟通的基础。正如孔子所言："人而无信，不知其可也。"察言观色是常用的沟通策略之一。通过观察对方的表情、语气、动作等细节，我们可以洞悉对方的情绪和心理状态，从而更加准确地把握对方的意图和需求。

司马迁在《史记·孙子吴起列传》讲到的"因势利导"就是这个策略，原文为："善战者，因其势而利导之。"意思是，顺着事情发展的趋势，向有利的方向引导。

"因势利导"放在管理者的沟通策略中再合适不过。领导者在与人沟通时，按照因势利导的思路，即根据对方的情绪、兴趣、需求等，灵活地调整自己的沟通策略，以顺应对方的意愿和期望。这样能更好地与对方建立共鸣，增强沟通的说服力和影响力。例如，在劝说他人时，我们可以先了解对方的立场和观点，然后顺着对方的思路进行引导，逐渐将话题引向自己希望的方向。

情商破局

陈飞在一家科技创新公司担任项目经理，负责引领团队开发一款前沿的人工智能助手应用。这个项目汇聚了来自不同背景和技术专长的精英，每个人都对项目抱有极高的热情和期望，但这也导致了团队内部时常出现意见分歧，影响了项目的推进效率。

在一次重要的项目评审会上，团队中一位名叫宋伟达的资深软件工程师提出了一项技术创新方案。该方案虽然极具创新性，但实施难度大，周期长，且可能会大幅超出预算。

陈飞没有直接否定宋伟达的方案。他深知，宋伟达作为技术骨干，对技术的追求和热情不容小觑，直接否定只会加剧团队内部的分裂。

他向宋伟达表达了对其创新思维的高度认可，并邀请宋伟达详细阐述了方案的独特之处，以及预期能带来的技术突破。随后陈飞话锋一转说："宋伟达，你的方案确实让人眼前一亮，我也非常欣赏你对技术极限的挑战精神。不过，我们也知道，公司对这个项目有明确的时间表和预算限制。我在想，如果我们能在这个基础上找到一种既能保留你方案的核心创新点，又能符合项目实际情况的折中方案，是不是会更好呢？"

这一席话既肯定了宋伟达的创新，又巧妙地将讨论的方向引导到寻找解决方案上来。宋伟达听后态度明显缓和，开始思考如何在保持创新的同时，也兼顾项目的实际情况。最终，团队共同设计出了一个既创新又实际可行的开发方案。

人际沟通中出现的很多问题经常是因为观点、立场的不同或信息的不对称产生的，当管理者想要说服对方接受自己的观点或建议，光从自己的角度表达是不足以打动对方的，从对方的话语和反应来引导才能加强说服力。

沟通的最终目的是实现特定的目标或任务，因势利导的策略可以极大地帮助我们在复杂多变的人际关系中实现顺利沟通，推动目标达成。此外，这种顺势而为的沟通方式对维护人际关系也非常有利。

3. 因势利导的人际沟通法则

（1）识人察心。观察对方的言谈举止、兴趣爱好、性格特点等，初步判断对方的喜好和需求。了解对方是沟通顺畅的前提。

（2）投其所好。在了解对方的基础上，谈论对方感兴趣的话题，

针对对方的兴趣爱好，提出相关问题，引导对方分享更多的信息。如果发现和对方有共同的兴趣爱好，可以表现出对共同话题的热情。

（3）顺势而为。要根据对方的反应和态度来调整自己的言行。如果对方做出积极的回应，就进一步深入交流；如果对方表现出冷淡或抵触的情绪，就及时调整话题或方式。比如在劝导他人时，要根据对方的疑虑和担忧来改变劝说的内容和方法，这样才能取得更好的效果。

（4）适应情境。在不同的场合，与不同的人打交道时，要采取不同的表达方式，尊重每个人的差异，避免以自己的标准去衡量别人。要根据对方的语言习惯、偏好、沟通节奏，调整自己的语言风格和语速。比如与专业技术人士沟通时，可以使用严谨的表达方式。

攻心为上，体悟先贤的雄才伟略

语言是一门艺术，是连接人与人之间的桥梁，人际关系如何取决于沟通的能力高低。跟不同的人沟通，需要采用不同的方式，比如我们愿意跟志同道合的人谈天说地，因为对方懂我们的兴趣、情绪，说话能说到心坎里。

众所周知，情商高的人说话让人听着舒服，他可能不是你的亲朋好友，你们之间没有建立亲密关系，但他就是可以迅速打开你的心门，让你觉得这个人"懂我""尊重我""重视我"，你也会愿意信任和尊重他。

表面看来，高情商者以出色的沟通技巧让人舒服，其实是他们深谙"与人相交，必先攻其心"的道理。他们对人性有着深刻的理解，知道如何触动人心，赢得他人的信任和尊重。攻心之术的厉害之处在于能够深入洞察并影响人的心理，从而达到控制或改变他人行为的目的。善于攻心者在人际交往中很容易占据优势地位，既能展现出个人魅力，吸引更多人关注和喜爱，也更容易在职场中赢得上级的信任和下属的尊重，获得更多的机会和资源，促进个人事业的发展。

在商业销售中，懂得攻心的销售人员促成交易的成功率要大大高于普通销售员。

例如，某销售人员在与潜在客户沟通时，发现客户对产品的价格有所顾虑。销售人员没有直接强调产品的性价比，而是先与客户建立了良好的关系，通过聊天了解客户的家庭情况、兴趣爱好等。在得知客户有一个即将过生日的孩子后，销售人员巧妙地将话题引向孩子的礼物，并提到自己的产品可以作为一份特别的礼物送给孩子。这一举动触动了客户的情感，让客户意识到这份礼物不仅具有实用价值，还充满了情感意义。最终，客户被销售人员的真诚和用心打动，决定购买产品。

在团队管理中，领导者希望与员工建立深厚的信任关系，让员工积极工作，为企业付出，就要深入了解员工的内心需求和真实想法，然后有针对性地制定出符合他们期望的管理策略。这就是攻心之术的应用。

穿越历史的长河，看古人的攻心智慧，犹如漫步于深邃而璀璨的星空之下，每一颗星星都代表着一种卓越的策略与非凡的智谋。春秋战国时期的纵横家苏秦、张仪，以三寸不烂之舌游说诸侯，合纵连横，搅动天下风云；三国时期赤壁之战中，诸葛亮巧借东风，草船借箭，以心理战术大破曹军。这些策略不仅是权力的游戏，更是对人性深刻洞察后的艺术展现。它们教会我们如何在复杂的人际关系中以智取胜，以情动人，达到不战而屈人之兵的最高境界。

情商破局

《三国志·魏书·武帝纪》记载，东汉末年，曹操与袁绍相持于官渡，双方争战日久，曹操军力渐乏，粮草不支，人心思变。曹操的很多部将以及留守在后方的很多大臣暗中给袁绍写信，准备一旦曹操失败便归顺袁绍。后来，曹操打败袁绍，从袁绍的营寨中搜出这些书信。有人建议曹操一一清查写信之人，曹操却说："当初袁绍那么强盛，我自己都担心不能自保，何况别人呢？"于是命人将书信全部烧掉，不再追究。这样一来，那些动过二心的人便都放心了，对曹操更是忠心耿耿，为曹操日后成就霸业奠定了坚实基础。

在此之前，袁绍的重要谋士许攸因受到袁绍的猜忌和审配的迫害，转而投奔曹操。曹操听闻许攸来投非常高兴，以至于来不及穿鞋就赤脚冲出去迎接他。他拉着许攸的手一起进入营帐，并询问袁绍的虚实。许攸则向曹操献上了以轻兵袭击乌巢，断绝袁绍粮草的计策。曹操采纳了这一计策，最终大败袁绍。

《三国演义》中有关刘备的攻心之术最著名的典故，莫过于"刘备摔阿斗"。在长坂坡之战中，刘备的妻儿被曹军冲散，大将赵云孤身闯入敌阵，七进七出，最终救出了刘备的儿子刘阿斗（刘禅）。当赵云将刘阿斗交到刘备手中时，刘备却故意将阿斗掷于地上："为汝这孺子，几损我一员大将！"这一举动深深打动了赵云，使其更加忠心耿耿地追随刘备。刘备这一举措不仅表达了对赵云的重视和感激之情，还成功笼络了这位勇将的心。

诸葛亮七擒七纵孟获，用的就是攻心战术。他先是率领大军与孟获交战，将孟获生擒。然而，孟获并不服气，认为自己是中了诸葛亮的计谋才被抓。于是，诸葛亮便放了他回去，并告诉他："这次是你自己不小心，中了我的计，如果你不服气，可以再来找我较量。"

此后，诸葛亮又多次擒获并释放孟获，每次用的都是不同计谋。孟获在七次被擒、七次被放的过程中，逐渐认识到了诸葛亮的智谋和胸襟，最终真心投降。诸葛亮对孟获的七擒七纵，完全是攻心战术的胜利。他通过展示自己的智谋和胸襟，使孟获心生敬佩，从而愿意真心归顺蜀汉。

历史上，善于攻心的帝王名臣数不胜数。比如：周文王为民请命，废除炮烙之刑获得民心；明太祖朱元璋收养义子，这些义子后来为大明开疆拓土贡献了很大的力量；李世民亲自探望受伤的匈奴大将阿史那·思摩，并为其吸吮脓血，感动了在场所有归附唐朝的匈奴将领。

中华五千年历史告诉我们：得人心者昌。管理者不是以利益得失来掌控被管理者，而是侧重对人心和人际关系的管理。

所谓"士为知己者死"，知己者正是指理解、赏识、重视他们的人。这句话最早出自东周四大刺客之一豫让的口中。豫让为了报答智伯的知遇之恩，不惜以身涉险，多次刺杀赵襄子，最终自刎而死。"豫让们"认为，真正的知己是能够了解自己、信任自己的人。为了这样的人，他们愿意付出一切，包括生命。

掌握攻心之术不仅能事半功倍，有时甚至可以不费吹灰之力就取得成功。攻心不仅是治国、治军之道，放在现代企业管理中，同样具有超凡的作用。攻心之术像一把开启成功之门的金钥匙，能让管理更加高效。

以下是领导者管理下属的四大攻心计。

1. 观察与了解

领导者与下属的关系也属于人际关系。领导者想经营好任何一段关系，都要以了解他人为前提；在日常工作中，要注意观察员工的行为和情绪变化，给予及时慰问等。

2. 建立信任关系

领导者与下属相处时，真诚待人，不虚伪，不做作，让他们感受到领导的真诚和善意；要做到言出必行，信守承诺；在下属遇到困难时伸出援手，在下属取得成就时真诚祝贺。这些细微之处的关怀能够迅速拉近彼此之间的距离，建立信任。

3. 掌握沟通技巧

领导者以倾听、共情为沟通手段，善用"因势利导"策略与下属沟通，这样既能增强沟通效果，达成自己的目的，又能增进彼此间的感情。

4. 给予恩惠但严格管理

在下属需要帮助的时候，领导者主动给予支持和援助，不仅能够赢得下属的尊重与信任，还能够塑造领导者的正直、善良和负责任的形象。但给予恩惠的同时，涉及团队规章制度和底线原则时，应该严格管理行为。

攻心之术虽妙，却非一蹴而就。它需要领导者具备深厚的文化底蕴、敏锐的心理洞察力和高尚的道德情操。在实践中，还需结合实际情况，灵活调整策略，方能发挥最大的效用。

因此，企业领导者应不断学习、反思与提升，将攻心之术融入日常管理之中，借此推动企业持续发展。只有这样，企业才能在激烈的市场竞争中立于不败之地，获得长远发展与辉煌成就。

第 **7** 章

科学决策：情商领导力，
世事洞明皆是情与理

中国文化背景下的领导者困境

　　情商管理的精髓在于讲究人情味的管理方式，在中国，这种管理方式以儒家、道家、法家的智慧为根基，尤其深受儒家文化的影响。儒家文化主张"以人为本"，看重人与人之间的关系，认为人是最重要的，所以中国的管理比较灵活，制度上也会留有相对的弹性空间。

　　很多人认为人才是组织中最宝贵的资源，只有充分激发人的潜能和创造力，企业才能长久地发展下去。但是，西方管理学以"事"为中心，制度、契约通通都是为"事"服务的，至于具体是谁来做这件事不重要，人只需要围绕事来运转就可以。

1. 中国企业为何不能直接套用西方管理理论

　　（1）西方管理理论与中国人情管理结合得不合理。在我国这种看重人情的社会文化里，有很多企业直接采取西方的契约式管理方式，容易出现水土不服。就好比有的企业管人的时候采用中式管理，但到了具体事务又采用西式管理。比如说，管理者用西式的制度来约束员工考勤，又用中式的人情管理来解释不支付加班费的问题，就很容易遭到年轻一代的排斥。

（2）集体意识阻碍个人创新。中国社会长期以农耕文化为基点，流动性相对小，这在一定程度上促进了宗族关系的形成和地域依赖的增强。所以，在管理的方式上，以集权式管理为主，以人治为特点，倡导大家一起朝同一个目标努力，发挥集体的优势。过度强调集体利益时，就难免忽视个人的成长，这会导致被管理者可能产生强烈的服从感，在团队里不敢冒险、不想创新，不利于企业、组织的发展。

（3）缺乏中西融合的管理模式。管理学的概念最初是从西方引入的，西方管理学与高速发展的中国相遇后，便有了中国式管理。中国式管理是在中国的哲学思想和西方管理理论基础上形成的一套管理方法，但这套方法还要根据实际情况再做改进和完善。

曾仕强教授在《中国式管理》中提出"管理是修己安人的历程"，强调了"修炼自己"是管理的起点和基础。在管人之前，必须先把自己管好，在自知、觉察、自律、自主等方面进行自我提升，修己是手段，安人是目的。这里强调的"修己"与"情商之父"丹尼尔·戈尔曼提出的情商要素中的"自我认知""自我管理"概念不谋而合。

据丹尼尔·戈尔曼的研究，大多数领导者的关键特质都是和情商有关的，而不是受智商影响。更具体地说，百分之九十三的领导力与情商紧密相关。为了验证这一点，他对一百八十六名高管进行了情商测试，结果显示，情商得分高的领导者领导的团队盈利能力普遍更高。

事实上，情商高的领导者在很多方面都表现出色：他们的员工很少跳槽，顾客忠诚度平均水平特别高，生产率高于平均水平，盈利率更高。

所以，跟西方比起来，以情商为基础的中国式管理更加注重以人为主，在职场上这种情况更加明显。比如，我们讲究人与人之间的关系、注重团队合作等。所以，在这样的人文环境中当领导，光有专业知识和技术是不够的，得会处理各种各样复杂的人际关系，并且能够应对来自自我和他人的各种情绪挑战。

2. 中国领导者的管理破局之道

（1）本土化西方管理理论，实现中西合璧。"中西合璧"首先要有对中国文化的深入理解，其次要具备辨别能力，能批判性地吸收西方管理理论。

中国文化中本就有着丰富的管理经验和智慧，如《孙子兵法》《韩非子》等典籍中就包含了许多有关管理和领导的理论观念，领导者可以在此基础上进行创新与发展。西方管理理论具备在长期的实践中积累起来的丰富的经验和方法，但并不能完全适用于中国的国情和文化背景。

领导者要识别西方管理理论在中国的适用性，找出与中国文化和市场环境相匹配的部分，将不适用的部分进行本土化改造。

（2）加强市场洞察与技术创新。根据市场需求和消费者偏好，调整产业结构，减少低附加值产品的生产，拓展产品线，开发新产品，满足消费者多样化的需求。在市场营销的层面，加强品牌建设，利用电商平台、社交媒体等拓宽销售渠道，加强与线下渠道的合作，制定线上线下联动的市场营销策略。

（3）建立完善的人才培养制度。加大对技术人才的培养和引进力度的同时，建立完善的内部人才培养制度，通过内部选拔、培训、轮岗等方式，发掘和培养企业内部的人才。提供多种职业发展路径，比如技术路线、管理路线等，根据员工的个人特点和发展需求，制定个性化的培养方案，让员工能够根据自己的兴趣和特长选择合适的职业发展方向。

（4）改变组织文化，鼓励创新。领导者起带头作用，成为企业创新的榜样，通过实际行动展示对创新文化的支持，建立激励机制，对能够提出创新方案或思维的员工进行奖励，鼓励他们将想法付诸行动，激发创新意识。

情理交融，打造和谐制度

在中国，许多小型企业在初创阶段往往依赖人情关系来维持运营，这种管理模式在初期可能有助于企业的快速发展。然而，随着企业规模的扩大，原有的管理模式不再适应新的发展需求，这时就需要进行改革，引入更加科学和规范的管理制度。然而，改革过程中若处理不当，可能会引发一系列问题。

情商破局

昌盛公司起初是一家家庭作坊式的小工厂，老板张先生与员工之间关系紧密，大家像一家人一样工作、生活。张先生凭借自己的个人魅力和对员工的深厚情感，维持着工厂的日常运营。员工们对张先生充满敬意和信任。工厂虽小，但氛围融洽，效率也不低。

然而，随着市场扩大和订单增多，昌盛公司逐渐发展成为一家拥有数百名员工的中型企业。这时，张先生意识到，原有的管理模式已经无法满足企业的快速发展需求。为了提升效率，降低成本，他决定引入一套严格的制度管理体系，包括明确岗位职责、严格进行绩效考核，以及制定标准化的生产流程。

改革初期，员工们对这种全新的管理模式感到陌生和不安。他们习惯了原来自由、灵活的工作氛围，突然之间要面对严格的规章制度和绩效考核，这让他们感到无所适从。更让他们难以接受的是，张先生似乎变得"冷酷无情"，不再像以前那样关心员工的个人生活和情感需求。

随着时间的推移，员工们的不满情绪越积越多。他们觉得自己的努力和付出没有得到应有的回报，反而因为小小的失误就要受到严厉的惩罚。一些老员工开始怀念过去充满人情味的时光，他们觉得那时的工作环境更加温馨、和谐。

最终，这种不满情绪演变成了人才流失的危机。一些关键岗位的员工离职，他们有的加入了竞争对手的公司，有的选择了自主创业。这些离开的员工不仅带走了技术和客户资源，还严重影响了昌盛公司的生产效率和产品质量。

更糟糕的是，由于新员工对企业文化和业务流程不熟悉，他们需要更长的时间来适应和融入新的工作环境。这导致了生产线上频繁出现质量问题，客户满意度下降，订单量也随之减少。公司的业绩开始下滑，张先生这才意识到问题的严重性。

很多中小企业从创业初期快速发展到规模扩大的稳定期，都经历过制度改革。

因为企业发展初期人员少，规模小，领导者在人员管理这一方面主要以人本主义思想为指导，通过情感维系人员关系。这个时候大家的目标也一致，就是共同把企业做大做强，快速获得更多的市场份额，实现赢利。

但是企业到了稳定期，随着人员增多、企业规模扩大，初期的人情管理难以约束每一个人，这个时候仅仅依靠人情管理就无法维持企业的稳定发展，所以制度改革势在必行。然而，纯粹的制度管理会让人觉得管理方式过于僵硬、刻板，缺乏人情，难以适应。好比跟随皇帝打天下的开国功臣，在东征西伐的开拓时期，可以和皇帝称兄道弟，同榻而眠，天下大定后就要遵循法理，将长幼有序、尊卑有别这一套便实践起来了。

在封建王朝时期，儒家文化是皇帝治国的基本思想，"君君臣臣、父父子子"等观念强调了等级制度和尊卑关系，有利于皇帝树立自己的权威，使人们更加敬畏和服从君主的统治。这相当于领袖统治王朝、官员治理百姓的"软制度"。

只要统治者不过于昏庸无能，中央集权的封建政权依靠情与法组成的软制度，基本可以完成从上到下的闭环管理。

儒家思想发展至今，处处彰显着人际交往、为人处世的哲学。中国式管理大到治国，小到经商，又或是管理宗族、家庭，都是实施情在前、理在后的管理策略。

当企业发展到一定规模时，传统的人情管理模式难以适应市场需求，可能会导致不公平和效率低下。为了应对市场的挑战，企业管理者需要不断创新和完善人情管理的模式，融入更多科学管理的思想和实践方案。

实践证明，留住员工不仅要靠金钱，还要有得到员工认可的管理者和管理制度。企业稳定发展的前提是既要科学管理（即制度），也要人性化（即人情）。

1. 建立健全的制度和流程管理

（1）制度管理为基础。根据企业自身的实际情况，建立一套科学、合理、完善的规章制度，明确员工的行为规范和职责权限，确保制度易于理解，并有效传达给每一位员工。

（2）强化制度执行力。制度建立后要严格执行，领导者要以身作则，带头遵守制度，对违反制度的行为进行及时处理。

（3）赏罚分明的激励机制。奖励措施包含物质和精神奖励，如奖金、奖品、晋升机会、荣誉称号等。惩罚措施有警告、罚款、降职、辞退等。奖惩措施要明确、具体，让员工清楚了解哪些行为会得到奖励或惩罚，以及奖励或惩罚的具体内容和程度。

2. 如何成为人才认可与拥护的领导者

（1）人性化是人情化的基础。遵从人性进行哲学管理，从制度和流程上保障员工的权益和利益，确保制定的规章制度符合人性；在尊重人性的前提下，通过建立良好的人际关系（人情）来促进员工对管理制度的认同。

（2）注重本土化人情关怀。企业领导者应充分理解和尊重中国的文化习俗和乡土人情，例如实行人性化的休假制度，春节、中秋节等传统节日放假并提供相应的福利（发放节日礼品或现金福利），体现对本土文化的理解与尊重。

（3）施展领导者个人魅力。领导者的个人品质往往是下属信服的基础。襟怀坦荡、言行一致、表里如一的领导者会让员工更加愿意追随。除此之外，领导者的知识广度与深度、洞察力、决策力、沟通力都是领导者个人魅力的体现。

（4）将人情化管理延伸到企业外部。在实行制度管理的过程中融入情感元素，注重员工的情感需求和感受，将人情化管理从企业内部延伸到企业外部，不仅关注员工的个人成长，还关怀员工的家庭状况，为员工家庭提供子女教育补贴、家庭健康保险等福利。

3. 领导者施行文武张弛的管理策略

（1）制度管理与情感管理的融合。在制度执行的过程中，注重人文关怀，尊重员工的个人感受和需求。在情感沟通过程中，强调制度的权威性和严肃性，做到"和谐交流，按章办事"。

（2）根据不同的情境，灵活调整管理策略。不同的员工群体可能有不同的需求和期望，比如年轻员工可能更注重个人成长和职业发展，而老员工可能更看重工作的稳定性和福利待遇。

（3）建立互信互助的关系。领导者向员工展现诚信和可靠的个人品质，为员工提供必要的支持和帮助，当员工遇到困难时主动提供帮助或指导，发现员工的个人特长并给予关注与鼓励，让员工感知到领导者对其有"知遇之恩"。

（4）树立榜样，以个人带动整体。首先，领导者要以身作则，用个人魅力影响公司整体氛围；其次，对遵守制度、能力突出的员工采取"树榜样，评先进"的激励措施。组织榜样员工分享成功经验、工作方法和心得体会，这样既能把榜样员工的优秀品质和经验传达给其他员工，又满足了榜样员工的自我价值感需求。

爱有等差，管理不求绝对公平

社会学家费孝通提出：中国传统社会结构中的人际关系如同石头扔进水里，水面上泛开的涟漪一般，以自己为中心向外推展，一圈一圈，按与自己距离的远近来划分亲疏。这是中国传统社会的差序格局特点。

差序格局理论和儒家文化提倡的"爱有等差"有异曲同工之妙。爱有等差表现为由近及远、由亲及疏的爱的层次，这种层次的差别并不意味着不公平，而是基于家庭、社会关系的自然延伸。

1."爱有等差"的运用

尽管现代企业管理强调公平、公正与团队精神，但"爱有等差"并非与现代管理理念相悖，反而能为领导者提供一种更为细腻、人性化的管理视角。

情商破局

《史记·淮阴侯列传》中有一段关于萧何向刘邦举荐韩信的记载：

何曰："王计必欲东，能用信，信即留；不能用，信终亡耳。"王曰："吾为公以为将。"何曰："虽为将，信必不留。"王曰："以为大将。"何曰："幸甚！"于是王欲召信拜之。何曰："王素慢无礼，今拜大将如呼小儿耳，此乃信所以去也。王必欲拜之，择良日，斋戒，设坛场，具礼，乃可耳。"王许之。

这段话的大意是，萧何向刘邦举荐韩信，刘邦却强调自己看在萧何的面子上，才任用韩信为大将军。

在这段对话中，萧何始终站在刘邦的角度列举韩信的才能以及他对当前战局的重要性，刘邦却没有表现出对韩信的兴趣，反而反复强调萧何对他的重要性，说自己是看在他的面子上才愿意重用韩信。实际上，以刘邦的聪明才智，他不可能对韩信的军事能力一无所知。但他在单独与萧何对话的时候，巧妙地隐藏了自己对其他人才的渴望，向萧何传达出"我只相信你，我重用他人都是因为相信你的举荐"的信息。

这种差别对待的感觉对于享受到优待的那一方来说，是心理上极大的满足与成就感。所以可以看出，萧何在任何时候的所作所为皆以是否有利于刘邦、是否符合刘邦的心意为依据，他始终将刘邦的利益放在首位，甚至不惜牺牲自己的利益来维护刘邦的权益。

另外，刘邦在赏赐下属财物、职务等方面特别慷慨，闲来无事还经常与下属一起喝酒聊天，分享彼此的喜怒哀乐。这一方面是物质上的奖励、赠予，让下属感受到自己格外受重视和肯定，另一方面依靠情感交流拉近了与下属的关系，让下属感觉自己在刘邦的心里分量很重，自己万不能辜负他的深情厚谊。

因此，在团队中，领导者若能理解并实践"爱有等差"，便能更加灵活地处理团队成员间的关系，促进团队和谐与高效运作。这并不意味着领导者要偏袒某些成员，而是要根据成员与团队核心目标、团队文化及个人职业发展的关联程度，给予不同程度的关注和支持。例如，对于新入职的员工，领导者可能需要投入更多的时间、精力进行指导和培养，帮助他们快速融入团队；而对于资深员工，则可能更注重提供职业发展的机会和平台，以激发其更大的工作热情和创造力。这种基于个体差异的关怀和支持，正是"爱有等差"在管理中的体现。

2. 特别的"优待"给予下属极大的满足感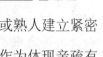

在传统文化的潜移默化下，很多人都期待与亲人或熟人建立紧密的关系，希望对方将自己划分在差序格局中的内圈，作为体现亲疏有别时的那个"亲人"，得到特别的重视或照顾。

而且，每个人都希望自己的能力和价值得到他人的认可和肯定，尤其是得到领导者这个权威人物的看重。对员工个人来说，领导者的特殊关注和照顾，可以让其感受到自己是团队中更重要的一员，对团队产生更多的归属感和认同感。这是一种自我价值感和差序格局中心接近感的双重满足。

情商破局

某科技公司的年轻工程师林浩是个专业技能扎实但不善言辞的人，平时在公司里默默无闻。一次偶然的机会，公司的赵总注意到林浩在解决一个技术难题时展现出的非凡才能和坚韧不拔的品质。从那以后，赵总便对林浩产生了浓厚的兴趣，开始给予他更多的关注和机会。

赵总不仅经常邀请林浩参与高级别的项目讨论，还亲自指导他更好地规划职业生涯，甚至在某些重要场合特意提到林浩的名字，对他的工作成果给予高度评价。这种来自领导的特殊重视，让林浩深感荣幸，备受鼓舞。

感受到赵总的信任与期待，林浩更加主动地承担任务，加班加点地钻研技术，力求在每一个项目中都能超越自我，为公司创造更大的价值。

值得注意的是，"爱有等差"的思想运用到企业管理中时，有可能因为把握不当导致资源分配不均的情况，引起他人不公平的感受。例如，管理者更倾向于将优质资源分配给同自己关系亲近或自己认为更有潜力的员工，忽视其他员工的实际需求。

然而，任何管理方式或体系都难以实现绝对公平。

公平本身就是一个相对的概念，受到文化、价值感、社会环境等多种因素的影响，在不同的情境下，人们对公平的理解和感受会

不同。

中国的传统文化强调和谐与平均，但这并不代表绝对的均等分配就是公平。尤其是在实际的管理中，由于个人的才能、能力和付出都有一定差异性，完全均等的公平是难以实现的。

比如员工的薪酬保密制度，本质上是出于避免不公平的比较。因为每个员工的薪酬水平可能会因为其个人能力、职位或市场行情等因素有差异，如果把各自的工资展示出来，员工就会相互比较薪酬，而人们对公平的理解是不同的，再加上认知的差异，就会感觉不公平。例如，"我认为我活儿干得最多，凭什么比张三工资低？""李四一个新人，怎么和我这个老员工工资一样？"……

3."爱有等差"式的相对公平领导力

（1）私下表达全面的重视。领导者应与核心员工多进行一对一的沟通，让他们有机会分享他们的想法、困惑和期望；决策前多询问他们的意见，并在确定方向一致的前提下，让对方认为领导者的最终决策是因为信任他们的能力而采纳了他们的建议。

了解核心员工的个人喜好、家庭情况和职业目标，根据这些信息提供对应的关怀和支持，例如记住他们的生日并适时送上他们正好有需求的生日礼物。

在员工能够胜任的工作范围，赋予他们更多的工作自主权和决策权。领导者只需掌握大方向、运筹帷幄就好，不要事无巨细、事事过问。这能让核心员工感受到被信任，也能培养他们的责任心。

设置秘密奖励，对表现优秀的员工进行额外的特别奖励，但不要对外宣扬。比如给予额外的奖金或特别的休假机会等，让他们感受到领导的特别关照和重视。

（2）公开个性化表扬与奖励。公开场合的表扬，要具体指出该员工的出色表现或独特贡献，比如使用具体的例子和数据来支持表扬。这样既能让该员工获得成就感和价值感，对领导者更加信任和感恩，也能让其他员工觉得公平公正，心服口服。

通过员工大会，优秀的核心员工分享成功故事，讲述克服困难，取得成就的心态和方法。企业将这种心态或方法印制成优秀语录，张贴于企业文化宣传栏，能增加该员工的自我满足感，激发其他员工追求卓越的积极性。

中西贯通，培养更适合中国企业的领导力

大多数人将领导力定义为获得职位的能力，觉得当了领导，有了权力，就拥有了领导力。实质上，领导力不是当领导就具备的，而是一种获得追随者的影响力。当领导的人不一定具备领导力，而不当领导的人也不一定就缺乏领导力。

比如陈胜、吴广起义，为什么大家会跟随这两个人起义而不是跟随其他人？因为在秦朝暴政的社会背景下，陈胜、吴广懂得统一百姓的不满和愤怒，形成相对稳定的农民势力；他们提出了明确的反秦口号和目标，符合广大人民的利益和期望，具有很强的号召力；起义地点是楚国旧地，当地人民对秦朝统治更加不满，且陈胜和吴广是楚人，天然地拉近同当地人的亲近感。

换成现代管理的思路来说，他们能以一无所有的草根身份拉起一支创业大军，是因为他们了解当时百姓的核心诉求，利用这个诉求调动起大众的情绪，然后推出愿景（目标），且这个愿景符合大众利益。他们身先士卒，带领百姓将愿景转化为具体的行动计划。此外，在某些文化背景下，领导者的亲和力和感召力是一种极具优势的领导力。陈胜、吴广的起义地点和他们作为楚人的身份，好比现代人在合作中碰到同乡，相似的文化背景瞬间就能拉近关系，这种天然的地域亲近感可以增强合作的稳定性和效益。

1. 中西方企业管理中的领导力核心差异

西方文化强调个人主义、平等、独立、自由，注重目标设定、战略规划、绩效评估等，倡导变革、创新和冒险精神。他们的理论基于对人性的分析和科学方法的运用，强调规则、流程、数据的重要性。这种明确的规章制度和严谨的数据分析，可以维持团队的高效运作。西方人理论上的领导力是可以通过标准化的步骤和方法进行传授和复制的，通过系统的学习，很多人都能具备一定领导水平。

中国文化则受儒、释、道等思想影响，强调关系、整体观念，注重人际关系、和谐与稳定，以及领导者的品德和榜样作用，以此激发员工的归属感和忠诚度。在很多人眼中，领导力被视为一种高妙的境界，强调悟性、经验与气质，被看作一种不容易复制的能力。

所以，我们常在现实的中国企业、组织中看到，一个人在晋升到管理层之前，领导力的培养过程往往比较漫长，需要经历基层锻炼、跨部门轮岗等来积累个人的实践经验，且能否成为管理者还非常考验个人的悟性和努力。

员工对领导者的追随和执行力很容易受到情感和关系的影响。比如受长幼有序的儒家文化影响，年龄较大的员工很难从心理上认同被年轻领导指挥、安排工作。一是因为自身年龄特性，他们会认为自己应该得到小辈的更多尊重，而不是被领导；二是年轻对应着缺乏经验的刻板印象，年长的员工容易对年轻领导的管理方式和决策产生怀疑，认为领导者的个人经验不足以支撑他做出正确的决策。

但是，在全球化竞争加剧和技术变革加速的背景下，中国的企业也需要具备快速适应市场的能力。想要确保企业在面对市场变化时能够迅速调整战略和战术，保持竞争优势，企业需要更加灵活、创新的管理方式。尤其是随着技术革新和数字化转型的加速，企业更加需要具备数字化思维和创新能力的管理者来引领变革，年轻高管的占比越来越大。

论资排辈在现代企业已然行不通，年轻高管如何服众又是一个新的难题。要解决这个难题，可以从以下方面着手：

（1）谦逊待人，尊重识礼。年轻的高管可能具备先进的管理理念与技能，但老员工通常拥有一定行业经验或客户资源。对待资历老或年龄大的员工，最重要的就是尊重、谦逊，做到人前多抬举、人后多谈心，遇事询问他们的意见，从情感上争取认同和支持。

（2）管理按流程，说话留余地。制定目标时应与老员工明确各自的职责范围，充分利用他们的经验优势，比如指导新员工、经验分享等。管理他们之前先了解他们的能力，尊重他们的需求，但同时要求他们遵守规章制度，管理按流程，说话留余地。对待资历较老的下属，尽量避免在公共场合直接批评或指责，对他们提出批评时可以采用建设性的方式，先肯定对方的努力成果，再委婉指出改进方向。

（3）施展领导者魅力。领导者最重要的品质是值得信赖，表现为言行一致，言出必行。他人信任你，才会从情感上认同你的决策。在工作中树立威信（恩威并施策略），员工才会服从你，执行你的决策。

（4）举贤纳谏，任用"老人"。团队、组织中工作时间较长、经验丰富的成员，通常对团队文化、业务流程有更深入的了解。按照能力和积极性两个维度来判断老员工的工作效率，会有两个极端：一种是能力强、积极性高的，另一种是能力低、积极性低的。前者可以参与决策，提拔到更重要的岗位，带动其他老员工的积极性。后者可以在适当的时机顺应自然法则优胜劣汰，也会给其他影响团队氛围的老员工起警示作用。

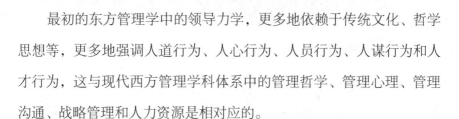

2. 寻找中西方企业管理中领导力的共通之处

最初的东方管理学中的领导力学，更多地依赖于传统文化、哲学思想等，更多地强调人道行为、人心行为、人员行为、人谋行为和人才行为，这与现代西方管理学科体系中的管理哲学、管理心理、管理沟通、战略管理和人力资源是相对应的。

尽管中西方企业管理中的领导力概念存在差异，但各有千秋，并非对立，它们有许多共通之处。例如，两者都强调领导者的愿景、使命和价值观的重要性，都注重团队建设和协作，追求组织的持续发展和创新。

所以，更适合中国企业管理者的领导力是西方管理模式与中国文化的结合。

3. 中西贯通的领导力融合策略

中国企业管理者需要的领导力是一种融合了中国传统文化和现代

企业管理理念的领导力，领导者在具备专业技能和管理能力的同时，注重以人性化、情感化的管理方式激发员工的积极性和创造性。

从"管人"的层面来看，注重人性化、情感化的现代化管理方式，高度依赖于个人的情商，更合理的融合概念可以解释为"中国式高情商领导力"。

4. 吸收西方企业管理模式中领导力的优点

强化领导力的价值。在管理中，将领导力作为推动企业发展的重要力量，视为能够激发员工潜能、引领企业变革的重要资源。

注重领导者战略思维和决策能力的培养。通过领导力培训和实践等方式，提升领导者战略思维能力，学习西方企业的决策机制，利用领导力模型理论的可复制性，加快领导者的决策速度和准确性。

制定明确的目标，进行目标管理。以愿景引领团队，增强团队的凝聚力和向心力。围绕目标制订详细的计划和策略，可以采用目标管理工具 OKR（目标与关键结果）、SMART 原则、5W2H 分析法等。

制定激励机制与适当授权。制定完善的激励机制来激发团队成员的积极性和创造力，将更多权力下放给团队成员，让他们承担更多的责任，有更多的自主权。

5. 保留并发展中国文化中领导力的特色

中国人强调集体主义和团队精神，这与现代管理中需要团队凝聚力和执行力是一致的，和谐与稳定的人际关系也有益于提高组织的内部沟通和协作效率。

中国文化中非常注重领导者的个人道德修养和榜样作用，认为领导者应该以身作则，以德服人。这是领导者拥有领导力的重要原因。

6. 结合中国企业实际情况，创新领导模式

现代企业管理理念强调以市场需求为导向，对产品和服务都有新的标准，领导者可以根据市场需求积极引进先进技术，加强技术创新管理，调整、优化产品结构，注重产品质量和用户体验，以满足市场需求。

传统企业层级结构明显，可结合西方的人力管理模式，简化组织结构，采用扁平化、网络化等新型组织结构模式，减少管理层级和决策流程，提高决策效率和执行力。

完善现代信息化建设。信息化管理作为现代企业管理理念的重要组成部分，对企业的管理和运营都起到了非常大的作用。企业可以引入先进的信息化管理系统，实现各部门之间的信息共享和协同办公。

7. 领导者拓宽国际视野

领导者既要从中国传统文化中吸取精华，又要不断学习西方管理学理论，才能具备适应全球化竞争与合作的领导力。

提高跨文化沟通能力。领导者通过学习和实践提高跨文化沟通的技巧，比如多语种沟通、理解文化差异等，拓宽国际视野，以便制定长远而贴合实际的目标规划。

第 *8* 章

超越管理：赋能团队，让员工士气高涨

用"心"提供情绪价值

很多人对中国文化形成了刻板印象，认为我们以集体利益为上，将个人利益放在了很低的位置，常常忽视自我的情绪。事实并非如此。古代文人墨客是相当注重修身养性的，他们通过各种方法调节情绪，管理情绪，以此提升自己的心境和格局，更好地迎接挑战和实现理想。

"修身齐家治国平天下"是众多古代士人的人生抱负。修身是这一链条的起点，也是实现最终目标的基础。修身强调的是修养个人的道德和品性，这其实就是一个管理自我情绪、修炼个人情操的过程。

孔子言："发乎情，止乎礼义。"意思是情感的自然产生与流露为人的本性，而情感应该受到约束，避免过度放纵和失控。这充分体现了古人的情绪管理意识。

现代社会中，因为各种文化的融合，人们越来越关注个人情绪状态。在传统社会中，人际关系是基于血缘、地缘等建立起来的，但是现代社会中人际关系的建立更多依赖于兴趣、价值观和情感交流。

然而，伴随城市化发展和快速的生活节奏，人们每天忙于应对各种事务，缺乏足够的时间进行深入的情感交流，也不再有精力去关注他人的情绪需求，愿意提供情绪价值的人越来越稀缺。人们在人际交往中更加注重自我表达和利益诉求，忽视了对他人情感的关注和支持。然而，每个人都有情绪价值的需求。这是一个相互付出的过程。

情绪能够反映内心的状态和需求。一个人如果懂得分析自己的情绪，就拥有了掌控自己内心世界的能力，管理好自己的情绪则更容易与他人交流和互动，建立良好的关系。

情绪价值在人际关系中发挥着多重作用，理解和关心他人的情绪有助于增强彼此的情感连接。情绪价值往往决定了人与人之间关系的深度和持久度，具体体现在以下方面。

1. 增进彼此的信任与亲近感

情绪价值有助于增进人与人之间的信任和亲近感。人们可以真诚地表达自己的情感，并且可以理解和共情他人的情感时，彼此之间的关系就会更加紧密。这种情感上的共鸣是建立深厚的人际关系的基础。

2. 解决冲突与问题

人际关系中的冲突大多数时候是情绪冲动引起的。人们如果管控好自己的情绪，学会换位思考，理解他人的需求和期望，聚焦于解决问题时，就会发现问题没那么复杂。

3. 提升个人魅力与吸引力

能够给他人提供情绪价值，本身就是个人魅力与吸引力的重要体现。在人际关系中，具有高情绪价值的人更容易获得他人的信任和支持。一个能够释放正向情绪价值的人通常能够带给他人快乐和希望，他人都愿意跟他相处。

4. 促进心理健康，提升幸福感

人们能够管理好自己的情绪，真诚地向他人输出情感，且能够得到他人的理解和支持时，心理上会得到更多的满足。而且，情感交流可以帮助人们减轻心理压力和焦虑，维持个人的心理健康，提升幸福感。

情绪价值除了对个人具有重要意义，还关系团队的工作效率和企业的发展。

·····　情商破局　·····

李娜最近在个人生活中遇到了一些问题。她的家庭关系出现了裂痕，与家人的矛盾让她备感压力，情绪变得低落且易怒。尽管她努力将个人情绪与工作分开，但这种压力还是不可避免地影响到了她的工作表现。

在项目推进的过程中，李娜频繁出现沟通不畅、决策迟缓的情况。以往那个能够迅速识别问题并调动团队资源解决问题的她，现在却显得犹豫不决，甚至对团队成员的合理建议也表现出不耐烦的态度。团队的气氛因此变得紧张，工作效率明显下降。

最让团队领导王经理感到困扰的是李娜多次错过重要的项目进度会议，而这些会议对于确保项目按时交付至关重要。每当王经理询问李娜情况时，她总是以"家里有事"为由搪塞过去，不愿深入讨论。这导致王经理不得不亲自介入，填补李娜留下的管理空白，同时还要应对因李娜的情绪问题引发的团队士气低落问题。

随着项目截止日期临近，情况变得更加紧迫。王经理发现，由于李娜失职，一些关键任务被延误，这不仅影响了整个项目的进度，还可能导致项目质量下滑。更糟糕的是，团队中的其他成员开始对李娜的领导能力产生怀疑，团队内部的信任关系受到了严重损害。

实际上，个人的情绪状态不仅关乎本人的生活质量和工作状态，还有可能直接影响企业的整体绩效和文化氛围。

1. 影响工作效率与生产力

积极的情绪状态能够激发员工的动力和创造力，让他们更加专注于工作，从而提高工作效率和生产力；反之，消极的情绪状态可能导致员工分心，缺乏动力，甚至对工作产生抵触情绪，导致工作效率和生产力降低。

2. 影响团队协作与沟通

个人的情绪状态对团队内部沟通和协作有重要的影响。人在积极的情绪状态下才能更好地建立信任，促进合作；而在消极状态下容易产生各种误解和矛盾，破坏人际关系。

3. 影响企业文化与氛围

员工的情绪状态是塑造组织文化的重要因素。消极的情绪可能引发负面情绪的传播，形成消极、压抑的企业氛围，影响每个员工的归属感和忠诚度。

4. 影响企业的整体绩效和发展

员工个人的情绪状态差，如感到沮丧或焦虑时，他们的注意力往往会降低，导致工作效率下降。这种情绪状态下，员工可能会在工作中出现更多的失误，影响工作质量，引发的重大事故还可能直接影响公司的绩效。不良情绪还会使员工对工作产生厌倦，增加缺勤和离职的可能，间接增加了企业的成本。

领导者应该重视员工的情绪状态，运用有效的情感管理策略，让员工感受到来自领导的情绪价值，从而保持积极的情绪状态，更加努力地工作。领导者应做好以下几点：

1. 把员工的情绪纳入管理

对他人的情绪管理是一件细致的事情，却绝非小事，因为情绪决定人的工作状态。如果领导者希望员工保持良好的情绪状态，最好的办法是将员工的情绪纳入管理事项中。比如颁布决策时，考虑该决策对员工的影响，会调动怎样的情绪，如何避免滋生负面情绪，如何引导员工用积极的情绪执行决策。

2.心态第一，重点观察员工的情绪

领导者日常要多观察员工的心态，多与自己的直接下属进行面对面的交流，了解他们的近期动态、兴趣和烦恼等，间接了解他们的工作心态。观察员工在工作中的行为变化，比如工作积极性、效率和团队的合作意愿等；如果出现反常行为，要及时进行一对一的交流。

3.倾听与认同是最好的关怀

当员工出现情绪问题时，领导者要对他们进行情感关怀。最好的关怀方式是耐心地倾听对方内心的困扰与想法，并在情感上给予支持回应。无论员工表达何种烦恼，都先予以认同和理解，再进行下一步开导。比如对方倾诉了工作内容困难，领导者安抚之前要先表达"工作确实有难度"的看法，这是认同对方情绪的表现。

4.分享经验，及时帮助

不要试图直接解决员工遇到的问题，因为领导者的作用不是解决具体事务中出现的所有问题，而是要引领他人去发现问题，解决问题。如果员工确实遇到了难题，需要明确的解决方式，领导者要把"我觉得你应该怎样做"换成"我的想法是……，我曾经遇到过类似的事情，我是这样做的……"。这样既展现了领导者的才能，又让对方受到引导而非"教导"。

5. 肯定成就，激发正能量

领导者要肯定员工的成就，激发员工的积极情绪，避免泛泛而谈，如"干得好""表现不错"等；指出他们具体做得好的地方，指出具体某项工作中他的哪些举措达成了怎样的效果。这种令人记忆深刻的肯定，既能让员工感受到自己的价值被认可、被重视，也能帮助他们发现自己的优点，未来更好地发扬优点。

当领导者真诚地关怀和尊重员工时，员工会对领导者更加信任，同时从情感上拉近与领导者的关系。基于这样的信任和情感，员工对领导者的决策会更加认同，且更加积极地维护并执行这一决策。

所以，领导者不仅要做好自身的情绪管理，还要注重识别员工的情绪，适时为他们提供情绪价值，这样才能调动他们的情绪，激励他们为企业贡献力量。这就是企业管理中常说的领导力。

用"薪"催化物质动力

《论语》中提到"富与贵，是人之所欲也"。意思是，金钱和地位是每个人都想得到的。每个人都想过富裕的生活，而不愿过贫贱的生活，这是人趋利避害的正常想法。

"天下熙熙，皆为利来；天下攘攘，皆为利往。"天下人都是为了各自的利益来来往往。无论是圣人还是普通百姓，都对此有着清醒的认知。因为衣食住行是人能够维持生存的第一需求，这个需求能否得到更大的满足取决于"利"。

人类社会的活动受利益驱动，因为利益能够保障人的生存需求。尽管古人为我们树立了清心寡欲、淡泊名利的道德榜样，但无论从哪个层面来分析，生存都是人最原始、最基本的需求，跳过第一需求，只满足情感需求是行不通的。

例如，你跟饥寒交迫的人谈如何才能成为有爱的人，得到情感上的富足，不如给他一个馒头，他会感激。所谓"贫贱夫妻百事哀"也是一个道理。夫妻间的亲密关系基于情感需求建立，在经济条件较差的情况下，夫妻就容易因为各种生活琐事产生矛盾，导致生活充满不幸。在经济窘迫的环境下，人们经常面临心理和道德的挑战，光是应对生存需求就竭尽全力，根本没有多余的精力顾及情感需求，这样的夫妻就很难维持亲密关系。

同样的道理，对于一名普通员工来说，物质利益才是员工第一位的需求，是他们维持日常生活、支付家庭开支、实现个人和家庭目标的物质基础。只有当这些基本需求得到满足，员工才能安心工作。

不以物质为基础的感情交流，是得不到共鸣的。

情商破局

李总是一家创意广告公司的总经理，他特别擅长在公司大会上用富有感染力的语言描述公司的远大愿景，描述每一位员工如何在未来的成功版图中占据一席之地，以情怀和感情来凝聚团队。他常说："在这里，我们不仅是同事，更是携手并进的家人、共同追逐梦想的伙伴。"

小北是新加入公司的设计师，对这份工作充满了热情与期待。初入公司时，他被李总的演讲深深打动，觉得自己加入了一个能够实现个人价值、成就梦想的团队。每当项目遇到瓶颈或加班至深夜时，李总总用温暖的话语和鼓励的眼神，让大家重新振作，仿佛只要心中有梦，一切问题都能迎刃而解。

然而，随着时间的推移，小北和其他员工渐渐发现，公司的实际情况与李总口中的"理想国"有着不小的差距。虽然李总不断强调团队精神和个人成长的重要性，但公司在给员工的薪酬福利、职业发展路径规划等实际利益方面却含糊其词。加班没有加班费，晋升体系不明确，年终奖也远低于行业平均水平，这些现实问题开始让员工们心生不满。

特别是当小北得知一位有着丰富经验的设计师因为薪资不公而选择离职时，他心中的疑惑和失望达到了顶点。那位设计师曾是李总在多个场合表扬的"家人"，最终却因为得不到应有的回报而选择离开。

对员工来说，物质动力的重要性是不容忽视的，它是建立情感连接的先决条件。如果刘邦只对追随他的下属谈愿景，那他跟下属再推心置腹、把酒言欢，下属也不可能会为他抛头颅、洒热血的。虽然情怀能够激发一时的热情，但无法长期代替物质利益带来的满足感。下属意识到自己的付出得不到实际回报时，自然会转投能够提供实际好处的领导者。

人们需要满足食物、衣物、住所等基本的需求，才能追求更高层次的精神或情怀。合理的物质待遇是员工生存和发展的基础。通过工作获得报酬，满足自己和家人的物质需求，是很多人努力工作的直接原因，只有在物质利益得到保障时，才更可能产生对工作的热情和创造力。

好的企业不会只跟员工讲情怀，而是更懂得给予更加实际的物质激励。因为员工加入企业，不仅是因为企业提供了可以施展才华的平台，更因为企业能够给他们合理的报酬和福利，否则为什么他选择的是这家企业而不是别家？

如果说加薪、奖金、升职是对员工最强的利益驱动，那么与之对应的就是这个"利益"应该怎么设置的问题。人的欲望是填不满的，钱自然是越多越好，职位自然是越高越好。在《渔夫和金鱼的故事》中，渔夫的妻子在使用破木盆洗衣服时，最初的心愿只是想要一个新木盆，得到新木盆以后她又想要一座木房子，然后想要当世袭的贵妇人、自由自在的女王，最后甚至想要做海上的女霸王，让可以为她实现心愿的金鱼亲自来侍奉她。她的贪婪最终令她一无所获。

贪婪是人性的弱点，如果一味地满足他人贪婪的本性，那么多少利益也填不满他内心的欲望。利益能驱动人努力进取，但过度的诱惑也会让人忘记初心，迷失自我，认为自己得到的回报都是理所当然，甚至应该得到更多。一旦产生这样的心态，这个员工不仅不会感激公司或领导者的知遇之恩，还有可能会心生不满，怨憎不已。

所以，用"薪"催化物质动力讲究催化的平衡性。

那么，怎样的薪酬结构和标准才算合理呢？

（1）确保薪酬具有市场竞争力。领导者要了解所在行业的平均薪资水平、薪酬结构及变化趋势，确保制定出的薪酬标准具有市场竞争力。

（2）分析人才供需状况。领导者要关注劳动力市场上的人才供需状况，特别要关注企业所需的关键岗位和技能型人才的供需状况。当某些类型的人才供不应求时，可能需要提高薪酬才能吸引和留住人才。

（3）评估企业内部经营情况。领导者在制定薪资标准时，要先评估企业的经营收入、利润、成本等关键指标，测算薪酬的占比、薪酬利润率等财务比率，确定制定的薪酬水平是企业能够承受的。

（4）考虑员工的个人情况。领导者为员工提供薪酬时，应根据员工的专业技能、知识水平、工作经验等进行综合评估，并在员工入职后观察其实际工作状况，对起点薪酬水平进行必要的调整和优化。

（5）制定明确的奖金和绩效。企业要制定合理的绩效评估体系，确保员工清楚地了解达成绩效的工作目标，并且指导他们拆解目标，帮助他们顺利地开展具体工作。

绩效评估标准应包含工作质量、工作效率、创新能力等方面可量化、可衡量的具体标准，比如业务类型的工作，可以设定销售额、客户满意度、项目完成率等具体指标，据此执行绩效评分，将评分对应奖金金额。

科学的薪酬激励制度既能满足员工对更高的薪资和更高的工作职位的追求，又能激励他们的工作积极性，让他们可以适应更高难度的工作，为企业创造更高的收益，实现企业利益的最大化。

用"情"吸引强者追随

对于企业而言，物质激励是满足员工基本需求的必要举措，满足员工更高层次的需求，直击员工内心的激励，才能真正激发员工持久的内在动力。

在人才管理方面，很多领导者有一个共识："如果员工的精神需求没有满足，就需要更多的物质来补偿。"

满足基本物质需求的外在激励能让员工更好地完成本职工作，满足精神需求的内在激励能让人成就卓越人生。卓越的领导力是驱动他人心灵的情感力量。

1. 对激励的解读

（1）激励的核心。激励的核心在于满足个体或组织的需求，从而激发其行动的动力。

行动的动力来源于很多方面，包括物质需求（金钱等）和精神需求（尊重、认可、成就感、名誉、地位等）。其中任何一种或多种需求得到满足，人们都有可能产生积极的行动倾向，这种倾向驱动人们为目标而努力。

在现代的职场环境中，企业管理者大都懂得人性化管理，懂得运用合理的薪酬制度、绩效制度来激励员工。只要员工肯努力，就不缺乏涨薪的机会。然而，即使不断地涨薪，很多员工也只会认为这份工作的待遇不错，要尽力把本职工作做好，以免丢了工作，却并非内心对这份工作有多大的热情，促使他们做好每一件事。

（2）激励的本质——内在激励。《正念领导力》一书中提到：激励的本质在于将每个人真实的自我、价值观、为人准则融合在一起，并且通过事件的完成最终实现对自我人性的欣赏。

这种对自我的欣赏不仅源于任务完成后的成就感，更源于对自我能力与价值的肯定。可以说，满足自尊与自我实现需求的内在激励，是一种能激发人们精神自主性的深层驱动力。

在管理中，内在激励需要领导者具备强大的感召力，能得到员工的认同，才能引领员工发现工作的意义，找到人生的目标。

（3）激励的另一面——外在激励。从人性来看，大多数人更容易受到外在物质的激励，因为外在激励反馈更及时，反馈的内容也很明确，比如达成某个目标可以获得明确数额的奖金或职位。很多人更习惯将工作与外在奖励联系起来，对愿景、情怀、目标等有抵触心理。

也就是说，这类人不追求情怀，而更容易受利益驱动，而且这类人还有以下特征：

一是缺乏自信与自我价值感。对自己的能力和价值产生自我怀疑的人，更容易被外界的赞扬或利益诱惑。他们倾向于得到外界的认可，以此证明自己的价值。

二是自我情绪管理能力不足。情绪不稳定或容易冲动的人，在面对利益诱惑时可能更容易失去理智。他们可能无法有效地控制自己的情绪，从而做出不利于自己的决策。

三是缺乏判断力与批判性思维。无法准确评估别人的真实意图或缺乏批判性思维的人，可能无法识别出利益背后的潜在风险或负面影响，更容易被欺骗或利用。

四是贪婪与短视。贪婪的人很容易被巨大的利益诱惑，他们往往更关注眼前的利益，而忽视长远的影响。这种短视行为有时会导致他们做出不利于自己的决策，甚至会陷入困境。

优秀的人往往有更为成熟的价值观。他们可能更看重个人的成长、家庭的幸福、社会的贡献等非物质层面的成就，而不仅仅是眼前的经济利益。越优秀的人越不为利益所动，他们往往下受更高级的精神驱动，这种驱动是人对于"自我实现"的情怀。

2. 识别自我实现感强的人

自我实现感强的人通常表现出以下特点：

（1）自我认知清晰。他们对自己的价值观、兴趣、能力、局限有清晰的认知，了解自己的优缺点。领导者选择人才时可以着重针对这些方面进行深入沟通。

（2）目标导向明确。人生目标和职业目标明确，并将这些目标反映在日常工作规划中。

（3）独立自主性强。对新知识、新技能表现出兴趣与自主性，无须他人督促，愿意持续学习与成长。在决策和行动上表现出自主性，独立思考能力强，不会轻易被他人左右想法。

（4）自我激励能力强。短期内无法取得成就或工作进展不顺时，即使没有外部激励或认可，也能够从内在动机中找到前进的动力。

（5）情绪稳定。情绪波动较小，大多数情况下能够保持冷静和理性，面对挑战或逆境时也能够保持积极的心态。

领导者如何领导这类强者，使之为己所用呢？可以从三点出发：第一，放下身段，以礼相待；第二，以共同情怀，感召共鸣；第三，凭领袖气质，谋定在人。

・・・・・・・・・・ 情商破局 ・・・・・・・・・・

三国时期的蜀汉丞相诸葛亮，将辅佐刘备光复汉室当成自己的目标，一生为蜀汉的基业呕心沥血，鞠躬尽瘁。刘备死后，诸葛亮明知刘禅才能欠缺，仍尽心辅佐，毫无二心。

他满腹经纶，足智多谋，神机妙算，是世间少有的奇才，为什么会死心塌地拥护刘备，而不是其他人？

因为对于诸葛亮来说，金钱与地位好比浮云。他隐居隆中，满腹才华与抱负无处施展，他等待的是一个实现自我价值的时机。

刘备不仅给了他这个机会，还在请他出山时表现出了极大的诚心和耐心。刘备三次亲自拜访诸葛亮，就算前两次都没见到，也没有放弃，诸葛亮心里岂能不受触动？

刘备的目标是光复汉室，他向诸葛亮表明以天下苍生为念，救万民于水火的志向时，就与诸葛亮希望于乱世之中一展抱负，实现自我的人生价值的想法不谋而合。二人一番畅谈后产生了强烈的共鸣。

诸葛亮在出山之前已经预见到三分天下的格局，以他的智谋，不难分析出刘备的实力和才能。首先必然是因为刘备具备争夺天下的硬性条件和个人品质，其次才能谈所谓的诚心与知遇。

打动人才的首要条件是"领袖气质"。领袖气质不仅是权力的象征，还包含对目标的执着、对责任的担当、对团队的理解和关怀，是一种综合的人格魅力。如前文所述，人格魅力与情商息息相关，领导者修炼个人魅力是一个认识自我、管理自我、管理关系、洞察人性、管理他人的递进过程。

所以，领导者凭借个人魅力，用"情"去开启对方的心锁时，即便是足智多谋的诸葛孔明，也会被刘玄德之真情折服。

率土之滨，莫非“人心”

　　管理他人其实是和人性博弈，胜了就是拥有领导力的无冕之王，败了或许就只是空有头衔的独行者。很多领导者管理团队的手段十分简单，那就是按照规章制度办事，结果自然是员工的积极性和执行力都差强人意。

　　西方管理学强调从事出发，以制度为准绳，以结果为导向。但在中国企业管理中，人与人之间的尊重和信任才是第一位。良好的企业文化和人际关系是办好事情的基础，所以最难管的从来不是事情本身，而是做事的人。

　　人性存在弱点。比如：在分配资源的时候，有些人会为了获得更多的利益而采取不公平的手段；在面对困难时，有些人会选择逃避；在工作中，有些人会偷懒和拖延。但同时，人性也有很多闪光点。当看到他人遭受困难或痛苦时，很多人会伸出援手。也有的人面临重重困难，仍坚韧不拔，攻克难关。人们也会利用有限的资源共同协作，分享经验，努力去实现同一个目标。

管理，其实就是对人性的管理。只有识人心、懂人性，管理才算入了门。做任何事情都离不开对人性的探讨，如何管理自己的人性、掌控他人的人心是管理者的必修课。

从人性的角度看管理，没有人是乐于被管理的，所以管理这个过程本身是违反人性的，但企业作为一个需要依靠集体力量实现共同目标的组织，又必须通过管理手段激发团队的潜能，规避风险。如何解决这个矛盾，是对管理者的一大考验。

1. 推己及人，顺应人心

孟子说："敬人者人恒敬之，爱人者人恒爱之。"意思是，尊敬他人的人，别人也会一直尊敬他；爱护他人的人，别人也会一直爱护他。

放到人际交往中，就是你对别人的态度决定了别人对你的态度。你尊重别人，别人才会尊重你。只有真诚地善待他人，你才能得到别人的坦诚和善意。

所以，管理最重要的是"推己及人"和"顺应人心"。在制度管理面前，跳出以自我为中心的小圈子，用自己的心意去推想别人的心意，设身处地地为别人着想，是对人最基本的尊重，也就是儒家所说的"推己及人"。"顺应人心"本质上是指理解并尊重人的基本需求、愿望和情感，在这个基础上做出合适的反应和决策。人天生具有追求快乐和避免痛苦的本能，顺应是强调管理的人性化，即员工可以被制度约束，但不会接受压迫。顺应人心还意味着通过积极的反馈、鼓励和认可来激发他人的积极情感。

作为管理者，如果你希望员工听你的，按照你的思路来办事，或者想改变他的想法，先要让对方从内心接受你。在大多数情况下，人的行为都是由情支配的，而不是受逻辑或理论支配。管理事务看似都有固定的流程，表面上是靠逻辑关系来解决的，实际上背后藏着许多看不见的情绪。真正做事的是人，如果推行的事务是违反人心的，那事务在进展中一定会出现各种各样的问题，最后以失败告终。

2. 人心不可见，人欲却可察

鬼谷子说："随其嗜欲以见其志意。"意思是，通过观察对方的嗜好和欲望，可以发现其志向和心意。这里的"嗜欲"指个人的兴趣爱好、欲望追求，"志意"则是指个人的志向、意愿或心意。

欲望是人类与生俱来的本能，可以说是人们行动的原动力。我们每个人其实都被欲望支配着，只有先明白别人想要的（欲望）是什么，理解他的需求和期望，然后才能进行真正有效的交流。虽然人心藏得深，寻常的交流不大能观见人心，人欲却可通过语言、表情、行为等揣摩，人的日常行为、兴趣爱好、言谈举止都能提供线索。我们可以顺着对方的心理，观察对方的欲望，进而洞察对方的意图。

3. 管理自己是逆人性的过程

如果说领导者管理他人要顺应对方的爱好和欲望，洞察对方的思想，那么管理自己就是一个逆人性的过程。因为领导者要有利他思维，须具备奉献精神，甘愿奉献自己，成就他人。此外，领导者还要严于律己，才能以身作则，树立榜样，打造个人魅力。

4.基于人性做管理

人性是自私的。在职场中，人们并不会为了企业或领导而工作，只会为了自己而工作。基于人性做管理，才能拥有情感追随者，产生情商领导力。所以，高情商的人适合当管理者。

高情商的人具备良好的情绪管理能力，能更好地识别和控制自己的情绪，在决策中很少受到情绪的影响，面对冲突、变故可以保持冷静和理性，这是他们在复杂环境中做出明智决策的关键。

具备情商领导力的领导者懂得如何赢得人心、凝聚人心，带领团队朝着一个目标努力。

领导者管理员工最难的是关系管理，做好一个领导者和做好一个普通员工是完全不同的方向。有的人可能会认为，只要自身能力过硬就可以当领导。事实上，领导团队就如同带兵打天下，讲究的是"得人心者得天下"。领导者始终将他人的需求和利益放在第一位，他人才能忠心不二地追随，冲锋陷阵。要达成这个目的，需要认识自己、管理自我、管理关系、洞察人性、以人性攻人心；同时，还需结合人情世故和文化特点，构建更适合中国管理者的情商领导力，如此方能领胜兵之师，成就卓越领导者。